東京地理入門

Geography of Tokyo

東京をあるく、みる、楽しむ

菊地俊夫・松山 洋［編］

朝倉書店

編集者

菊地 俊夫（きくち としお）　東京都立大学大学院都市環境科学研究科
松山 洋（まつやま ひろし）　東京都立大学大学院都市環境科学研究科

執筆者

松山 洋（まつやま ひろし）　東京都立大学大学院都市環境科学研究科
鈴木 毅彦（すずき たけひこ）　東京都立大学大学院都市環境科学研究科
高橋 日出男（たかはし ひでお）　東京都立大学大学院都市環境科学研究科
高橋 洋（たかはし ひろし）　東京都立大学大学院都市環境科学研究科
高岡 貞夫（たかおか さだお）　専修大学文学部
磯谷 達宏（いそがい たつひろ）　国士舘大学文学部
太田 慧（おおた けい）　高崎経済大学地域政策学部
石川 和樹（いしかわ かずき）　東京都立大学大学院都市環境科学研究科
中山 大地（なかやま だいち）　東京都立大学大学院都市環境科学研究科
洪 明真（ホン ミョンジン）　静岡英和学院大学人間社会学部
飯塚 遼（いいづか りょう）　帝京大学経済学部
若林 芳樹（わかばやし よしき）　東京都立大学大学院都市環境科学研究科
小林 諒（こばやし りょう）　神奈川大学人間科学部
宮澤 仁（みやざわ ひとし）　お茶の水女子大学基幹研究院人間科学系
高橋 環太郎（たかはし かんたろう）　秀明大学観光ビジネス学部
谷貝 等人（やがい ひとし）　計量計画研究所
矢部 直興（やべ なおこう）　東京都立大学大学院都市環境科学研究科
杉本 興運（すぎもと こううん）　東洋大学国際観光学部
中山 玲（なかやま あきら）　東京都立大学大学院都市環境科学研究科

（執筆順）

まえがき

　世界都市　東京には，人やモノ，資本（金）や情報などが一極集中しています。その一方，21世紀は情報革命に伴うボーダーレスの時代になっており，人やモノ，資本（金）や情報などが瞬時に移動する時代でもあります。そして，超巨大都市となった東京には，様々な軋（きし）みや課題が顕在化しています。

　これらの課題を解決するためには，現状を把握することが重要で，そのような時こそ地理学者の出番です。『東京地理入門』と銘打った本書では，自然地理と人文地理がバランスよく構成された内容になっています。そして，学術的な知見に裏打ちされた東京の地理の全体像が，やさしい語り口で提示されています。執筆者は全員，東京都立大学または首都大学東京の関係者であるのも本書の特徴です。この先，本書の英語版の出版も予定されています。

　本書は，序章と終章のほかに全8章から成ります。各章は，テーマ全体を俯瞰するメインのパートと，特定のトピックに注目するいくつかの「クローズアップ」で構成されています。各章は緩やかに関連していますが，基本的には独立した内容ですので，興味のあるところから読んでいただくので構いません。

　本書では盛りだくさんの内容がコンパクトにまとめられています。そして，本書を読んで東京の地理に興味をもったならば，本書を携えて都内のあちこちに出かけてみましょう。きっと何か新しい発見があるに違いありません。もしそうなったなら，それは著者たちにとってこのうえもない喜びです。

　本書と2020年の東京オリンピック・パラリンピックが，東京の魅力を再認識する良い機会になりますように。

2020年3月

著者を代表して　　松山　洋

目　　次

序　章　東京を見る ──────────────── [松山　洋] ─── *1*

1　空間スケールを変えて東京を見る ───────────── *1*

2　東京の巨大な人口とそれを養う関東平野 ──────── *2*

3　東京の水と歴史 ──────────────────── *6*

第1章　東京の地形 ─────────────── [鈴木毅彦] ─── **9**

1.1　関東の地形 ─────────────────── *9*

1.2　山地・丘陵・台地・低地が揃う東京の地形 ─────── *11*

クローズアップ

神田川の流れ ─────────────── [松山　洋] ─── *17*

東京の地下 ───────────────── [鈴木毅彦] ─── *19*

地震・防災 ───────────────── [鈴木毅彦] ─── *21*

富士山と東京 ─────────────── [鈴木毅彦] ─── *23*

第2章　東京の気候 ─────────────── [高橋日出男] ─── **25**

2.1　東京の気候に関与する地理的背景 ─────────── *25*

2.2　東京の降水と気温の季節変化 ───────────── *26*

2.3　東京の気温分布 ───────────────── *29*

2.4　東京付近における海陸風の交替 ─────────── *31*

クローズアップ

東京の夏は，なぜ「暑い」だけではなく「蒸し暑い」のか？ ─── [高橋　洋] ─── *33*

東京の雪 ───────────────── [高橋　洋] ─── *35*

環八雲 ──────────────────────────────── [高橋 洋] ···· 37

ゲリラ豪雨 ─────────────────────────── [高橋日出男] ···· 39

第3章　東京の動植物 ─────────────── [高岡貞夫] **41**

3.1　多様な森林植生 ───────────────────────── 41

3.2　東京の亜熱帯 ─────────────────────────── 43

3.3　都市化した東京にすむ鳥たち ──────────────── 44

3.4　夜の東京に出没する哺乳類 ────────────────── 45

3.5　多摩川の自然 ─────────────────────────── 47

3.6　変化する生物相 ───────────────────────── 48

クローズアップ

神宮の森 ─────────────────────────── [磯谷達宏] ···· 51

里山 ────────────────────────────── [高岡貞夫] ···· 53

東京のタヌキ ─────────────────────── [高岡貞夫] ···· 55

第4章　東京の水と海 ─────────────── [松山 洋] **57**

4.1　東京の水 ────────────────────────────── 57

4.2　東京の海 ────────────────────────────── 61

クローズアップ

船と隅田川 ───────────────────────── [太田 慧] ···· 65

湧水と豆腐屋 ─────────────────────── [石川和樹] ···· 67

江戸の水道 ───────────────────────── [中山大地] ···· 69

東京の温泉 ───────────────────────── [松山 洋] ···· 71

第5章　東京の歴史と文化 ─────────── [菊地俊夫] ···· **73**

5.1　東京の歴史は江戸の開城から始まった ─────────── 73

5.2　大衆が生みだした江戸文化 ────────────────── 75

5.3　西洋風のまちづくりと新しい生活文化 ───────────── 77

5.4　災害復興と東京の変貌 ─────────────────── 78

クローズアップ

江戸の範囲 ──────────────────── [洪　明真] ---- *81*

江戸の休日 ──────────────────── [洪　明真] ---- *83*

東京の地名 ──────────────────── [洪　明真] ---- *85*

江戸の食文化 ─────────────────── [飯塚　遼] ---- *87*

第6章　東京に住む ───────────── [若林芳樹] ---- **89**

6.1　東京に暮らす人たち ───────────────── *89*

6.2　市街地の拡大と郊外住宅地の形成 ───────── *90*

6.3　居住地移動と都心回帰 ──────────────── *92*

6.4　人口構成と分布の変化 ──────────────── *94*

クローズアップ

下町と山の手 ─────────────────── [小泉　諒] *97*

再生に挑むニュータウン ─────────────── [宮澤　仁] *99*

東京都の島 ──────────────────── [高橋環太郎] ---- *101*

東京の地下鉄 ─────────────────── [谷貝　等] ---- *103*

第7章　東京の経済 ──────────── [矢部直人] **105**

7.1　東京大都市圏における 1990 年代以降の土地利用変化 ────── *105*

7.2　東京大都市圏における IT 産業の立地 ───────── *109*

7.3　東京大都市圏における産業構造の変化 ──────── *111*

クローズアップ

東京の銀座 ──────────────────── [飯塚　遼] ---- *113*

東京の都市農業 ────────────────── [飯塚　遼] ---- *115*

裏原宿とファッション ─────────────── [矢部直人] ---- *117*

東京の町工場 ─────────────────── [飯塚　遼] ---- *119*

第8章　東京の観光 ──────────── [杉本興運] **121**

8.1　東京を訪れる旅行者 ──────────────── *121*

8.2 観光資源と観光産業 ──────────────── 123

8.3 東京における MICE の展開 ─────────────── 126

クローズアップ

2つの東京オリンピック ───────────── [太田　慧] ─── 129

東京におけるタワー観光 ───────────── [太田　慧] ─── 131

高尾山 ──────────────────── [中山　玲] ─── 133

アメ横と外国人観光客 ───────────── [太田　慧] ─── 135

終　章　東京の未来 ───────────── [菊地俊夫] **137**

1 首座都市としての東京 ───────────────── 137

2 東京の中心性の高度化と拡大 ────────────── 139

3 共生都市を目指す東京 ───────────────── 141

4 防災都市から減災都市へ，そして克災都市を目指す東京 ──────── 142

あとがき ──────────────────────── 145

索　引 ───────────────────────── 147

東京を見る

隅田川テラスから見た東京スカイツリー
（2019年3月，松山洋撮影）

　　東京は，ロンドン，パリ，ニューヨークなどと並ぶ世界都市です。本章ではそのような世界都市 東京を見るうえで，空間スケールや時間スケールの違いに注目することが重要であることを述べます。そして，これだけ多くの人々が東京で生活できるようになった，主として自然地理学的背景について説明します。

1　空間スケールを変えて東京を見る

　東京の範囲？　　ここに3枚の地図があります（図1）。図1aは縮尺1:5,000,000であり，日本全体が示されています。この地図では，東京は点でしか表現できません。図1b は縮尺 1:500,000 であり，東京湾と陸地の境界や，鉄道，道路などが表現されています。図1c は縮尺 1:25,000 で渋谷駅周辺を示したものであり，建物1軒1軒が表現されている部分もあります。

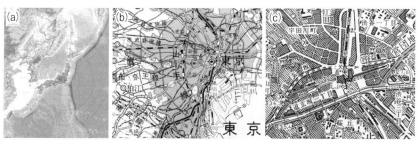

図1　東京（渋谷）付近を示す3枚の地図（文献[1)]より）
　（a）500万分1：日本とその周辺，（b）50万分1：地方図，（c）2万5千分1：地形図

図1c では道玄坂と宮益坂付近に標高が示されており（それぞれ 34.3 m と 27.6 m），両者に挟まれた渋谷駅周辺は，文字通り谷底に位置していることが読み取れます。ちなみに，渋谷駅は東京メトロ銀座線の始発駅で，銀座線の電車は地上 3 階の高さから出発します。地下鉄なのに地上 3 階の高さから電車が出発することに，初めての人は戸惑うようです。

このように，地図の縮尺を変えると（空間範囲を変化させると）同じ東京でも見え方が変わってきて，地図から読み取れる情報量も変化します。ところで，東京という場合，その範囲はどこからどこまでになるのでしょうか。ある人は東京中心部の東京 23 区を思い浮かべるでしょう。一方，東京都全体を考える人がいるかもしれません。この場合には，伊豆諸島，小笠原諸島などの島嶼部や多摩地域も含まれます。もっと広く，東京大都市圏（東京都，埼玉県，千葉県，神奈川県のほぼ全域および茨城県南部の，東京都区部と一体的に社会的・経済的な活動を行っている地域[2]）を考える人もいるでしょう。これら「東京 23 区」，「東京都」，「東京大都市圏」はほぼ入れ子構造になっており，空間範囲が異なります。

地理学の見方・考え方　　地理学ではこのように，人間を取り巻く自然環境と人間がつくった環境を空間的広がりの中で捉え，地域ごとの違いを踏まえて理解することが重要とされています。現在直面する文明や社会の問題を解決するためには，自然と人間の両者が重なる領域を科学することが不可欠なのです。そのためには，スケールを変えた場合のものの見え方の違いに注目すること，すなわちマルチスケール的なものの見方が重要になってきます。ここでのスケールには，今まで説明してきた空間スケールだけでなく時間スケールも含まれます（第 3 節）。そして，この見方・考え方は「東京を見る」場合にも有効です。

2　東京の巨大な人口とそれを養う関東平野

東京の人口と人口密度　　東京 23 区，東京都，東京大都市圏のうち，東京都が最もわかりやすいので，これから話を始めることにしましょう。東京都は 23 の特別区，26 の市，5 つの町，8 つの村からなります。ここで，特別区とは，都の管轄にあって議会をもつ特別地方公共団体のことを指し，原則として市に関する規定が適用されます。現在，都は東京都しかありませんから特別区

は東京23区のことになります。しかしながら，将来，大阪府が大阪都になるようですとこの状況も変わってきます。

　2017年10月1日時点で，東京都の面積は2,193.96 km²，人口は13,754,043人です[3]。これから人口密度を計算すると6,269人/km²になります。一方，東京23区に限ると，面積は627.57 km²，人口は9,484,125人[3]，人口密度は15,112人/km²になります。2015年の国勢調査では，日本全国の人口密度は341人/km²ですから[4]，東京都および東京23区の人口密度は桁違いに大きいことがわかります。なお，2015年の国勢調査では，東京都の人口は13,513,734人でしたから，この2年間だけでも東京都の人口は約24万人増えたことになります。日本全国で人口は減少傾向にあるのに，東京都は例外のようです（第6章参照）。

　東京大都市圏の範囲は東京都心から70 km圏内にある地域とされており，（ちょっと古いデータですが）2007年の人口は3,533万人，つまり日本の人口の約4分の1を占めています[2]。同年の世界の大都市圏人口を見てみると，1位が東京，2位がメキシコシティで1,874万人，3位がニューヨークで1,873万人となっていますから[2]，東京大都市圏の人口は，世界の他の都市と比較しても群を抜いて多いことがわかります。日本全体を含めてここで述べたことを示すと，図2のようになります。それにしても，どうしてこれだけ多くの人々が東京周辺で生活することができるのでしょうか。

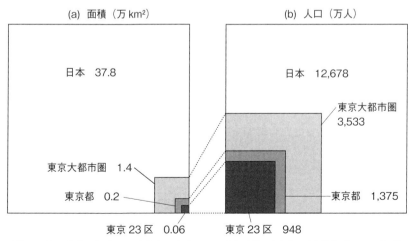

図2　日本，東京大都市圏，東京都，東京23区の(a)面積と(b)人口（文献[2]~[4]により作成）

関東平野の自然環境　　この問いに答えるためには，東京大都市圏，すなわち関東平野の自然環境について理解しておく必要があります。ここでもマルチスケール的なものの見方が重要になってきます。

東京都は，山地，台地，丘陵，低地からなります（図3）。このうち，江戸時代以前の東京は，荒川と昔の利根川がつくった東京東部の低地では洪水氾濫が頻繁に生じて人々が住みにくい環境でした。そのため，1590年に江戸に入った徳川家康がまず行ったのは水を制すること，すなわち江戸湾に流れ込んでいた利根川を，現在の千葉県銚子市で太平洋に注ぐように流路変更することでした。なお，この利根川東遷事業（図4）の目的は内陸舟運路の整備であり，洪水防御が目的でなかったという指摘もあります[5]。これは，利根川東遷事業が完成した後も，江戸時代（天明年間）に浅間山が噴火した後に泥流が発生したり，その後にも洪水が多発する傾向があったりしたことが知られているためです。

河川は水だけでなく土砂も運びます。荒川や利根川など関東平野に流入する河川はそこに土砂を堆積させており，その結果，関東平野は日本で最も広い平野になっています。このように，関東平野が土砂の堆積場となっているのは，関東平野が沈降傾向にあって周囲の山地が隆起傾向にあるからです。これを関東造盆地運動といいます。東京都の西部に武蔵野台地が広がるのも，関東造盆地運動の影響です。つまり，沈降しつつある関東平野に，河川が次から次へと土砂を堆積させていることになるのですが，それでは，なぜ関東造盆地運動は生じるのでしょうか？

プレートテクトニクス　　それを知るにはもう少し空間範囲を広げてものご

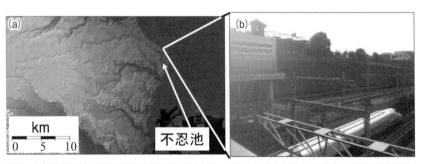

図3　(a)東京付近の地形陰影図(石川和樹作成)，(b)山の手と下町の境界(JR日暮里駅付近，2008年5月，松山洋撮影)

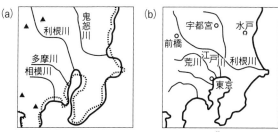

図4 利根川東遷事業前後の利根川の流路（文献[6]により作成）
(a)利根川が東京湾に流れていた時代，(b)現在の利根川の流路

とを考える必要があります。実は，地球の表面はプレートとよばれる十数枚の厚い岩盤に覆われています。そして，これらプレートが動くことによって，地震が発生したり山地が形成されたりします。このような考え方をプレートテクトニクスといいます。

図5は，日本付近のプレートの分布を示しています。日本付近には4枚のプレート（太平洋プレート，フィリピン海プレート，北アメリカプレート，ユーラシアプレート）が分布しています。前2者は海洋プレート，後2者は大陸プレートで，海洋プレートは大陸プレートの下に潜り込んでいます（太平洋プレートはフィリピン海プレートの下に潜り込んでいます）。4枚ものプレートが密集している場所は世界的に見ても珍しく，日本で地震が頻発する理由がわかるでしょう。つまり，太平洋プレート，フィリピン海プレートともに大陸プレートの下に潜り込んでいることが，関東造盆地運動と関係しているといえま

図5 日本列島付近におけるプレートの様子（文献[7]により作成）

す。ちなみに 1923 年に発生して関東大震災を引き起こした大正関東地震は，フィリピン海プレートと北アメリカプレートの境界で発生しました。

3　東京の水と歴史

徳川家康による江戸の町づくりと首都　東京　　東京の背後に広大かつ肥沃な関東平野があるということは，食料生産基地および人々の居住地として，東京の発展に大きく寄与することが期待されます。地形的条件について，周囲を山に囲まれて盆地に位置する京都と比べてみると，関東平野を背後にもつ東京の長所が理解できると思います。日本旧石器学会によれば，東京西部の小平市や府中市では，約 35,000 年前から人々が生活していたことが，遺跡の発掘によって明らかになっています[8]。しかしながら，より多くの人々が江戸／東京に住むようになると，必ず必要になるものがあります。それは水です。

　利根川東遷事業（図4）と並行して徳川家康が行ったのは，上水道の整備でした。詳しくは，第 1 章のクローズアップ「神田川の流れ」，第 4 章および同章のクローズアップ「江戸の水道」をご覧いただければ，と思いますが，東京の西部は台地であるため，江戸では水の確保が大変だったのです。

　もともと過酷な自然に覆われた荒野であった江戸が，今日の世界都市 東京に至るに際しては，徳川家康の先見の明による自然改造が大きく貢献しているといえます。その自然改造の歴史が現在完了進行形として，多くの人々を集める現在の東京として顕われているのです。

　18 世紀には 100 万人を超える人口を抱え世界最大の都市となった江戸は，徳川幕府が置かれたことから，政治の中心として機能してきました。その後，明治時代になって江戸が東京と改められ，明治政府が東京に置かれ，江戸城が皇居になったわけですが，今日，「日本の首都は東京である」と直接規定した法令はありません。しかしながら，立法府である国会，行政府である首相官邸や中央省庁，司法府である最高裁判所という三権の最高機関が東京にあることから，東京が日本の首都であると広く社会一般に受け入れられているといってよいでしょう。

時間に関するマルチスケール的なものの見方　　話を自然環境に戻すと，図3a の JR 日暮里駅の近く，上野公園の崖下に不 忍 池があります。崖下で水が湧くのは想像できますが（第 4 章参照），これが海跡湖だと聞いたとき，さす

がに筆者は驚きました。海跡湖というのは，元々海とつながっていたところが，海流または波浪によって海岸付近の砂が運ばれ，海と隔てられることによって形成される湖です。つまり，かつては上野付近はおろか，関東平野の内陸部，埼玉県東部地域まで海岸線がきていたのですが，現在の上野付近の姿からは，そのことがとても想像できません。どうも約7,000年前の，地球が温暖だった時期のことのようです。ただし，不忍池の場合，上述したような典型的な海跡湖ではなく，当時の荒川によって運ばれてきた土砂によって，台地を刻む谷の出口が砂州で閉塞されて湿地化したようです[9]。

　図6は，過去15万年間の地球の気温変動を示しています。今から12.5万年前は現在と同じくらいの気温だったのですが，今から2万年前は気温が約6℃低い最終氷期といわれる時代でした。最終氷期は約15,000年前に終わり，その後地球の気温は上昇します。そして，約7,000年前は今よりも気温が高かったのです（図6）。

　現在も，地球温暖化の影響による海面上昇が懸念されていますが，7,000年前の高温期には東京東部の低地は水没し，関東平野内陸部まで海面がきていました（図4b）。その後地球は寒冷化し，低下した海面に向かって河川が土砂を堆積させて東京東部の低地が形成されました。このように気候変動は地形の形成に大きな影響を与えていますが，詳しくは第1章に譲りたいと思います。

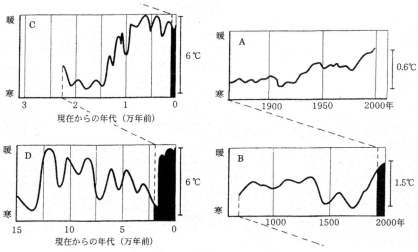

図6　過去15万年間の地球の気温変動（首都大学東京名誉教授・三上岳彦による）

さて本章では，15万年間とか，7,000年前とか，江戸時代といった，様々な時間スケールの話が出てきました。自然環境の成り立ちについて考える際には空間スケール同様，時間スケールも重要であることを申し添えたいと思います。

（松山　洋）

参考文献

1）日本地図センター（2013）：地図－国土地理院の紙地図［http://www.jmc.or.jp/buy_map_kami.html］（閲覧日：2019年3月21日）
2）菅野峰明・佐野　充・谷内　達　編（2009）：〈日本の地誌5〉『首都圏Ⅰ』，朝倉書店
3）東京都（2018）：区市町村別人口・面積［http://www.metro.tokyo.jp/tosei/tokyoto/profile/gaiyo/kushichoson.html］（閲覧日：2019年1月28日）
4）総務省統計局（2019）：平成27年国勢調査［http://www.stat.go.jp/data/kokusei/2015/］（閲覧日：2019年1月28日）
5）大熊　孝（1981）：『利根川治水の変遷と水害』，東京大学出版会
6）貝塚爽平（1979）：『東京の自然史』（増補第2版），紀伊国屋書店
7）地理用語研究会　編（2009）：『地理用語集』（改訂版），山川出版社
8）日本旧石器学会（2019）：日本列島の旧石器時代遺跡［http://palaeolithic.jp/sites/index.htm］（閲覧日：2019年3月21日）
9）貝塚爽平・小池一之・遠藤邦彦・山崎晴雄・鈴木毅彦　編（2000）：〈日本の地形4〉『関東・伊豆小笠原』，東京大学出版会

第1章

東京の地形

武蔵野台地東端の崖線。飛鳥山の東北側をJR京浜東北線・新幹線が走る。（北区王子，2013年11月，鈴木毅彦撮影）

 東京は島嶼，山地，丘陵，台地，低地からなり，様々な地形が発達します。島嶼部を除くと西部の3分の1は関東山地からなり，残りの東部は関東平野に属します。平野部の地形・地質は気候変動，地殻変動，川・海の作用により形成されました。

1.1 関東の地形

　日本列島は山がちであり「日本の山地は国土の4分の3を占める」といわれています。こうした国土において広がりのある平野は，農業，都市，工業にとって貴重な地形です。日本最大の平野である関東平野はその点からは首都圏の立地としてふさわしく見えます。これは計画的に決められたことでしょうか。そうではありません。日本史をひもとけばわかるように，戦国時代以降の歴史的な流れでたまたま日本の中心になりました。また自然から見れば現在の関東平野の姿は瞬間的なものであり，第四紀とよばれる地質時代（現在を含む過去約260万年間）の中ではその半分以上の時間は海域でした。現在と同じ気候環境で海面高度も類似していた1つ前の温暖期である最終間氷期最盛期（12.5万年前）でも関東平野のほとんどの部分は海域でした。人類は現在の温暖期に著しく人口を増大させたわけですが，1つ前の温暖期であったとしたら東京の町は成立できなかった可能性があります。日本の人口の約3分の1が生活する場にみあう関東の地形もたまたま現在というタイミングに依存しています。

大都市成立の条件をもつ東京の地形　　関東平野を国内の他の代表的な平野と比較するといろいろな特徴が見えてきます。その1つは，平坦な地形で特徴づけられる台地の発達がよいことです[1]。新潟平野や濃尾平野などは比較的低地の割合が高いのに対して関東平野や十勝平野では平野に占める台地の割合が高いことに特徴があります。関東平野の場合，その代表が武蔵野台地，下総台地，大宮台地などです（図1.1）。台地では水の確保が低地に比べて困難であることが多いので水田耕作には不利です。このような理由で台地では江戸時代までは低地に比べると開発が進んでいませんでした。しかし，台地は水害の危険性も相対的に低く地盤も安定しています。なによりも平坦であり，土地利用の点では便利な地形です。江戸・東京の町の西側にはこのような地形，すなわち，武蔵野台地が広がっていました。明治，大正，昭和，平成と東京の町はこの地形を利用して拡大を続けました。さらに，台地の西側から南側となる関東山地との境界付近には多摩丘陵などの丘陵があり，多摩ニュータウンをはじめとする宅地開発もなされました。関東山地は急斜面なので開発困難ですが関東平野の西部では様々な土地利用が可能なのです。

図1.1　関東地方の地形（文献[1]の図を改変）

1.2 山地・丘陵・台地・低地が揃う東京の地形

東京の山：関東山地　都道府県の中で東京の面積は下から3番目です。しかし，地形的には火山島を含む島嶼から山地・丘陵・台地・低地がそろっています。東西に伸びる東京の西側3分の1は関東山地であり奥多摩（山地）ともよばれています。都内最高地点の雲取山（2,017 m）をはじめ関東山地には2,500 m以上のピークが複数あり，日本の山地としては「やや険しい山」とされました[2]。関東山地を構成する岩石は堆積岩，深成岩，変成岩など様々ですが，都内で見られるのは中生代から古第三紀の堆積岩で，石灰岩，チャート，頁岩，砂岩などからなり付加体とよばれるプレート運動に関係する地質です[3]。

扇状地から台地，丘陵，里山，住宅地に変化した丘陵　東京の東側3分の2は関東平野に属し，関東山地の東側に広がります。また関東山地からは丘陵地形が半島状にいくつも伸びています（図1.2）。丘陵の地形は起伏が小さく，標高もほとんど300 m以下です。狭山丘陵が例外的に関東山地から離れて島状に存在しますがこれは北東側を隆起させる活断層である立川断層が狭山丘陵

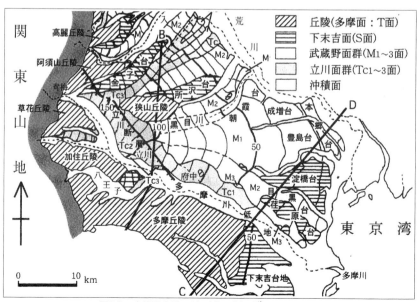

図1.2　武蔵野台地の地形学図（文献[1]の図を改変）

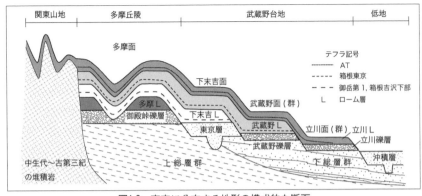

図1.3　東京に分布する地形の模式的な断面

の西端付近を北西-南東方向に通過するためと考えられています[1]。

　東京西部の丘陵群はおもに3つの地層から構成されています（図1.3）。上から関東ローム層，古い時代の扇状地礫層，上総層群です。関東ローム層は火山灰層などを含み古くても70万年前以降に堆積しました。ところにより侵食のために失われていることも多いです。扇状地礫層は多摩丘陵の場合，御殿峠礫層，狭山丘陵では芋窪礫層と命名されました。それぞれ相模川と多摩川が運んだ砂礫で70万～50万年前頃の扇状地の堆積物です。当時相模川は北東方向に流れており，現在の流路とは全く異なります。このときに形成された扇状地はまもなく段丘化し，しばらくは現在の武蔵野台地のような地形を呈していたと考えられますが，その後の侵食により谷が発達し，平坦さが失われ丘陵地形となりました。

　丘陵は人の居住する地域としては変化に富む地形です。かつては水が得やすい谷底は水田として，斜面は燃料の補給元となる薪炭林として利用され，典型的な里山の風景が展開していました。しかし，高度経済成長時代の頃より各所で大規模な造成が進み，多摩ニュータウンなどのベッドタウンとなりました。造成が大規模に進んだ多摩丘陵の一部では，関東ローム層や御殿峠礫層が削られ平坦な土地が出現しました。そのような場所でも残されている地層が上総層群です。この地層は第四紀に海に堆積した砂や泥を中心としていますが関東山地に近い多摩地域では川により運ばれた砂礫も含みます。この地層についてはクローズアップ「東京の地下」でもふれるように関東南部の地下に普遍的に，しかも厚く堆積しています。

扇状地と海底に起源をもつ武蔵野台地　　実質的に東京の地形を代表するの

は武蔵野台地とそれを取りまく荒川低地・中川低地・多摩川低地といえます。武蔵野台地の北半分は埼玉県にもさしかかります。東京都内で見ればその西端は青梅市中心部，東端は板橋区成増から北区赤羽，上野駅付近をへて大田区田園調布付近にかけてです。西に頂点をもつ三角形を呈しています。青梅付近では標高 190 m，東端では 20 m 程度であり，1 つの台地としては大きな標高差をもちます。これは武蔵野台地の成因とも関係します。この台地の主体は，川が山から平野に移りかわる場所で形成される扇状地が河成段丘化したものです。この扇状地は多摩川により形成されたものであり，約 10 万年前から 1 万年前頃まで様々な時代のものからなります。また台地東部では，最終間氷期最盛期の海底に起源をもつ海成段丘が武蔵野台地の一部になっています。すなわち武蔵野台地は，異なる時代と成因からなる段丘からつくられています。これら段丘の成因は気候変動に起因する海面高度の上下変動や降水量の変化，長期的な地殻変動と考えられています[1]。

　武蔵野台地を構成する様々な段丘の分布を示した図は地形学図や段丘区分図などとよばれ，1950 年代以降複数のものが提案されています。この区分は室内での地形図，空中写真の判読や現地調査（段丘を構成する堆積物の種類やそれを覆う関東ローム層の特徴）などにより行われました。図1.2 はこれまでの分類を総合したものです。なお最近でも航空レーザー測量による詳細な標高データや多数のボーリング資料にもとづき，段丘区分の検討が行われており，現在も改訂が進みつつあります。

　　関東ローム層により区分できる武蔵野台地　　川や海の作用で堆積した地層の形成年代を知るのは非常に難しいです。しかし，それを覆う関東ローム層は大規模な噴火で降り積もった軽石層や火山灰層（テフラ）を含み，その噴火年代が知られている場合もあるので，関東ローム層をたよりに武蔵野台地の地形の形成年代を知ることができます。その鍵となる火山噴出物には，箱根吉沢下部テフラ群（約 12 万年前），御岳第 1 テフラ（約 10 万年前），箱根東京テフラ（約 7 万年前），AT テフラ（3 万年前）などがあります。これらを参考に武蔵野台地をおおまかに区分すると，下末吉面以前，下末吉面（12 万年前），武蔵野面群（10～6 万年前），立川面群（4～1 万年前）に分けられます。

　下末吉面とは元々，神奈川県横浜市鶴見区下末吉で確認された 12.5 万年前の最終間氷期最盛期（下末吉期ともよばれる）に形成された海成段丘のことです。これに続く地形が東京23区内にも発達しており，淀橋台，荏原台などと

よばれています。世田谷，新宿，渋谷，港，品川の各区に分布し（図1.2），次に述べる武蔵野面に比べてわずかに高く，また谷が複雑に入り組んでいるのが特徴です。下末吉面の地下には上から立川・武蔵野・下末吉ローム層からなる関東ローム層があり，その下に最終間氷期最盛期に堆積した，東京層とよばれる砂層が存在しています（図1.3）。これは当時の東京湾（古東京湾）の海底に堆積したものであり海岸線はおそらく調布・三鷹市付近にあったと考えられます（図1.4）。なおその頃の海面の高さは現在よりも5 m程度高かったようですが，その後の地殻変動により東京層も含めて現在の高度まで隆起しました。

最終間氷期最盛期以降，海面は上下しながらも徐々に低下し，約2万年前の最終氷期最盛期には現在より120 m程度まで低下したとされています。この過程において海岸線は海側に移動し，陸地となったところには多摩川が流下します。川は低下した海面を河口としますので，その分川は侵食を強め，下流部では最終間氷期最盛期の海底であった下末吉面を削り込みます。一方で残されるところもあり，それが淀橋台，荏原台などです。最終間氷期最盛期から最終氷期最盛期に至るまで途中安定して広い扇状地が形成された時期もあったようで，階段状の地形，すなわち河成段丘群が形成されました。これらは大きく2つに区分され，高い方は武蔵野面群（高い方から M_1，M_2，M_3 の各面），低い

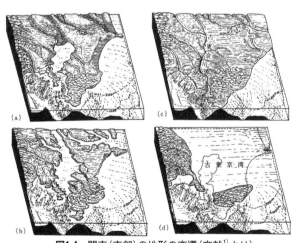

図1.4　関東（南部）の地形の変遷（文献[1]より）
(a)現在，(b)縄文海進高頂期（約7,300〜7,000年前），(c)最終氷期最盛期（約2万年前），(d)最終間氷期最盛期（約12.5万年前）。

方は立川面群（高い方から Tc₁，Tc₂，Tc₃ の各面）とよばれています。武蔵
野面群と立川面群と大きく分けられるのは両者の間に地形的に明瞭な崖が発達
するためです。この崖は国分寺崖線とよばれ，立川市北東から JR 国立駅東
側，深大寺，二子玉川付近にかけて延々と続く高度差 10〜20 m の段差です。
武蔵野台地の中では最も目立つ地形であり，その基部付近から湧水が見られる
のが特徴です（第 4 章参照）。

　武蔵野面群中の M₁ 面の一部は成増台，豊島台などとよばれ武蔵野台地東部
に広く発達し，M₂ 面は赤羽台とよばれ武蔵野台地の北東端に広がります（た
だし最近一部改訂案もあります）。これに対して立川面群は武蔵野台地の東端
部には発達しません。武蔵野台地西部では広く発達し，多摩川沿いの低地から
はかなり比高がありますが，東に向かって徐々にその高度差が小さくなりま
す。立川面群最高位の Tc₁ 面（約 3〜4 万年前）は，二子玉川付近では低地と
識別しにくくなりついには消滅します。実際には地下に続き多摩川河口から数
km 上流で Tc₁ 面の標高は−20〜−30 m 付近にあります。また，これよりも
新しい Tc₃ 面形成期は世界的に最も寒冷であった約 2 万年前の最終氷期最盛
期に相当します。当時は高緯度地域の各地で氷河が拡大するとともに現在に比
べて海面が 120 m 程度低下していました。このため東京湾は陸化し，荒川・
利根川（江戸時代の東遷事業前は東京湾に流入）の合流河川は現在の羽田沖付
近で多摩川と合流し，浦賀水道付近で太平洋に流出していました（図1.4）。こ
の河川は古東京川とよばれ，陸化した東京湾において古東京谷とよばれる谷地
形を形成しました。このため，古東京川とその支流沿いには周囲に比べて相対
的に低い凹地が存在し，後に述べます沖積層が埋積する深い埋没谷として連続
的に追跡できます。

東京の低地と沖積層　　最終氷期最盛期が過ぎて地球全体が温暖化するにつ
れて高緯度地域の大陸氷河が融けて海面は徐々に上昇しました。これにより，
最終氷期最盛期に形成された谷に海が侵入するようになります。引き続く海面
上昇により 7,000 年前頃に海面はピークを迎えました。海面上昇は武蔵野台地
を縁どる入江を形成し，リアス海岸として複雑な海岸線を出現させました。特
に中川低地沿いでは埼玉県北東部まで内湾となり，奥東京湾とよばれていま
す。その輪郭は縄文時代の貝塚分布から第二次世界大戦以前に明らかにされて
いました。現在，このピーク時に比べると海面は数 m 低下しました。また荒
川や利根川，多摩川により運搬された土砂からなる三角州の発達で海岸線が海

側に前進し，現在の海岸線に近い姿になりました。こうした急速な変化により，最終氷期に形成された谷には砂や泥を中心とした地層が堆積し，現在も三角州の前進に伴い堆積が続きます。これらの地層をまとめて沖積層とよびます。沖積層は海岸部から現在の河川に沿う低地において現在も堆積しつつある地層です。堆積して間もないために大変軟弱で災害につながりやすい地質でもあります（クローズアップ「東京の地下」参照）。

　ところで，現在の東京湾では江戸時代以降の埋め立てにより海岸線は幾何学的なかたちをもちます。埋め立てによる海岸線の前進速度は自然の堆積作用に比べてはるかに大きいです。また先ほど，多摩丘陵で造成により地層が除去されることを述べましたが，その速度も自然による侵食速度をはるかに上まわります。100万年から数千年の時間をかけて形成された地形や地質は，最近の100年以下の短時間で人間の手により著しく変化が加えられました。(鈴木毅彦)

参考文献

1）貝塚爽平・小池一之・遠藤邦彦・山崎晴雄・鈴木毅彦 編（2000）：〈日本の地形4〉『関東・伊豆小笠原』，東京大学出版会
2）米倉伸之・貝塚爽平・野上道男・鎮西清高 編（2001）：〈日本の地形1〉『総説』，東京大学出版会
3）日本地質学会 編（2008）：〈日本地方地質誌3〉『関東地方』，朝倉書店

神田川の流れ

●**神田川とは** 神田川とは,井の頭池を水源とする全長 25.5 km,流域面積 105 km^2 の一級河川です。三鷹市の井の頭池を水源として(図1a),杉並区,中野区,新宿区,豊島区,文京区,千代田区,台東区を通り,最後は隅田川に注ぎます。途中で善福寺川と妙正寺川が合流します。東京都区部を流れる中小河川の中では最大の流域面積を有しています[1]。

神田川の上流は 1629 年,わが国最古の都市水道,神田上水として整備されました。また,下流は運河あるいは排水路として開削された河川であり[1],上流と下流の境界は,神田上水の取水堰のあった関口大洗堰(文京区の江戸川公園)でした(図1e)。江戸時代,関口大洗堰より下流は,江戸川,神田川と名前を変えて隅田川に注いでおり[2],その名残が,上述した江戸川公園や東京メトロ有楽町線の江戸川橋駅の名称に残っています。現在では上流から下流まで全区間が神田川とよばれていますが,地図によっては神田上水と示されているものもあります。

●**神田川の水源と上流部** 神田川の水源である井の頭池は,武蔵野台地の東部,標高 50 m のところにある湧水を起源とするものです(第 4 章参照)。現在では湧水が減少しているため,地下水をポンプで汲み上げています(図1a)。徳川家康がこの池の湧水を関東随一の名水とほめてお茶をいれたという伝説から「お茶の水」という名がついています。「お茶の水」を水源とする神田川が,下流でJR 御茶ノ水駅付近を通るのは興味深いところです。

京王井の頭線をくぐった付近,井の頭公園駅の裏手は小川といった風情の神田川ですが,すぐにコンクリート三面張りになります。この付近では遊歩道が整備されており,ランニングしている人もいます。また,緑地や児童遊園が至るところにあってコイや水鳥も見られ,「水のある風景は良いなあ」と改めて思いました。

●**玉川上水からの取水と,現代における治水の取り組み** 神田川が環状八号線と交差するところ,京王井の頭線の高井戸駅付近で神田川の水量が増えます(図1b)。これは,東京都の清流復活事業によって,水の流れを取り戻した玉川上水と神田川がつながっているためです。多摩川上流水再生センターで下水を高度処理した再生水が導水されており,これによる水量の増加と 1960 年代以降の下水道の普及により,神田川の水質は,魚や水生生物が生息するまで改善しました。

神田川をさらに東進して環状七号線と交差するところには,環状七号線地下調節池があります(図1c)。神田川流域では都市化による舗装が拡大した結果,雨水が地下に浸透しにくくなり,水害がたびたび発生するようになりました。特に1970～1990 年代にかけては,集中豪雨や台風による浸水の被害がたびたび発生し,その対策が急がれました。

現在,神田川の流域では,1 時間に

50 mm の降雨があっても浸水しないように，川岸の補強や遊水地，分水路，地下調節池の整備が進められています[1),2)]。特に，2007年度に完成した環状七号線地下調節池は，道路の下にトンネルのような形でつくられており，豪雨の際に54万 m^3 の水を貯留することができます[3)]（図1c）。さらに都心寄りには，分水路が4つあります（図1d）。川の水位が上がったときに水の流れを分散することによって洪水を防ぐのです。これらの効果で，神田川流域の浸水被害は激減しました。

●神田上水から隅田川へ　江戸時代，関口大洗堰で分水された神田上水は（図1e），水戸藩上屋敷（現在の小石川後楽園）を通った後に，懸樋とよばれる木製の管で江戸城の外堀（現在の神田川下流部）の上を通り，神田，日本橋，京橋方面に水を供給しました。この懸樋跡が

JR水道橋駅と御茶ノ水駅の間にあります（図1f）。そもそも，この懸樋そのものが水道橋という名称の由来になっています。

神田川は最後，台東区の柳橋で隅田川に流入します。この付近では建物が林立しているため見通しがきかず，隅田川との合流地点にある「隅田川テラス」から眺める東京スカイツリーは，清々しいものがあります。その写真はここにはあえて載せず，読者の皆さんのお楽しみということにいたしましょう。　（松山　洋）

参考文献

1 ）松本佳之（2009）：「神田川」．『川の百科事典』（高橋　裕ほか 編）p.264, 丸善
2 ）松本佳之（2013）：「神田川」．『全世界の河川事典』（高橋　裕ほか 編）pp.184-185, 丸善
3 ）岩屋隆夫（2013）：「環七地下河川」．『全世界の河川事典』（高橋　裕ほか 編）p.185, 丸善

図1　神田川沿いでみられる景観
(a)井の頭池にある湧出口，(b)玉川上水からの分水の合流地点(高井戸)，(c)環状七号線地下調節池取水口と神田川取水施設，(d)高田馬場分水路，(e)江戸川公園にある神田上水取水口の石柱の案内板，(f)JR水道橋駅付近にある神田上水懸樋跡(いずれも2019年3月12日，松山洋撮影)

東京の地下

●**意識されない地下**　東京の街を移動する際，地下を通過することが多いです。地下鉄は当然ですが，首都高なども地下につくられることが多いようです。しかし，地下トンネルのすぐ外にあるはずの地下空間がどうなっているのか，普段はほとんど気にされてないようです。東京スカイツリーの高さ634 m，富士山山頂高度 3,776 m など高い場所のことはよく知られています。しかし，地下のことはあまり意識されず，自分の家の地下 10 m，100 m，100 km がどうなっているか正確にいえる人は少ないでしょう。

　一方で，マンションを支える基礎となる杭の偽装問題，大地震のたびに発生する液状化現象，地下水の過剰揚水による地盤沈下など，生活に関わる地下の問題

は様々あります。私たちはもっと地下に関心をもつべきだと思います。利用できる土地が限られ，地下に利用空間を見いだした東京ではなおさらのことです。

●**低地地下の軟弱層：沖積層**　地下の問題で最も気になるのは軟弱地盤かと思われます。川や海が関係して堆積した地層は時間が経過すると固くなります。しかし，1 万年以内ですと軟弱なままです。現在も含めてこのような新しい時代に堆積した地層は沖積層とよばれ，東京の下町低地地下に存在するものは砂や泥からなり極めて軟弱です。

　沖積層の分布は地形からわかります。23 区東部と南部の標高数 m 以下の低地や多摩川河口周辺の低地の地下にはほぼ確実に沖積層があります。また，標高が高くても河川沿いに沖積層が分布します。このように，地形から沖積層の分布を知ることができますが，厚さはボーリ

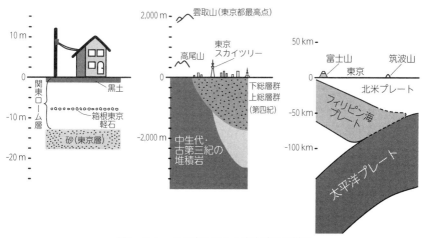

図1　スケールを変えてみた東京地下の様子
左の図は武蔵野台地の淀橋台・荏原台の場合，右の図は文献[1] などを参考に作成。

ング調査をしないとわかりません。東京では膨大な数のボーリング調査がなされてきました。それによれば，沖積層の表面は平らでも底には凹凸があり，深いところでは50 m以上の厚さの沖積層が地下に伏在しています。

●**東京の古地形を語る地下の地層**　沖積層より古い地層は沖積層の下に，また武蔵野台地ではおおよそ地下1 m以深に存在します。武蔵野台地で見られる最も浅い地層は関東ローム層で，火山灰や軽石，塵（ちり）などが風により運ばれ降り積もりました。台地では厚くても15 m程度です。その下には川により運ばれた砂礫（されき）や海で堆積した砂や泥があり，台地地形に応じた種類の地層からなります。これらは段丘構成層とよばれ，厚さもほとんどの場合，20 m以下です。地形と密接な関係をもつ地層です（図1）。

さらに，段丘構成層削の下には砂礫や砂，泥の地層が複雑に重なり合います。上から下総層群（しもうさ），上総層群（かずさ）とよばれている，房総半島の地層に相当するものと考えられてきました。下総層群相当の部分を欠く場合もあります。これらは第四紀とよばれる最近約260万年間の地質時代に堆積したもので，深さや堆積年代，地層の種類がわかれば昔の東京の地形を知ることができます。第四紀の初め頃，東京東部は500 m以上の深い海でしたが，その後の隆起や堆積により徐々に陸化しました。また，気候変化により海面が繰り返し上下に変動してきました。このようなことが上総層群から読みとれます。その最深部は東京東部では，1,000 m以上ですが，多摩では浅くなり昭島付近では数百 m程度で関東山地に分布する固い岩石（中生代や古第三紀の堆積岩）の続きに到達します。

●**複数のプレートからなる東京の地下**

さらに深い地下，ボーリングでは到達困難な10 km以深に触れましょう。東京は地球を覆うプレートとしては北米プレート上にあります。しかし深度20〜30 kmからはフィリピン海プレートが，80〜90 kmでは太平洋プレートとなり，2つのプレート境界があります。地下に複数のプレートが伏在するというのは世界の大都市としては珍しいといえます。プレート境界は巨大地震が起きやすい場所であり，東京が地震災害と切り離せない理由ともなります。

以上みてきたように，東京の地下は複雑で，深さに応じたストーリーがあります。同じ大都市でもロンドン，ニューヨークの地下は比較的単純で，表層を除くと固い岩盤が深いところまで続き安定した地盤なのに対して東京の地下は著しく不安定です。東京が世界的に見ても地殻変動の著しい地域であり，複雑な地学的現象をへてきたためです。　（鈴木毅彦）

参考文献

1）首都直下地震モデル検討会（2013）：首都直下のM7クラスの地震及び相模トラフ沿いのM8クラスの地震等の震源断層モデルと震度分布・津波高等に関する報告書（図表集）〔http://www.bousai.go.jp/kaigirep/chuobou/senmon/shutochokkajishinmodel/pdf/dansoumodel_02.pdf〕（閲覧日：2019年4月2日），内閣府

地震・防災

●**東京の歴史は災害の歴史** 東京と地震災害は切り離せません。その履歴は東京が都市として発展してきた西暦1600年頃以降の歴史とともにあります。この間の約400年は自然から見れば一瞬です。しかし，この期間だけでも元禄16（1703）年の元禄関東地震，安政2（1885）年の安政江戸地震，大正12（1923）年の大正関東地震の3回の大地震が発生しました。また東京では水害や降灰などそのほかの自然災害も発生しており，さらには大火や戦災にも見舞われてきました。

このように東京は何度も被災と復興を繰り返してきました。現在は戦災から70年以上が経ち，この間多大な被害が生じる地震はなく，町は大きく発展しました。しかし再び大地震が発生し東京の町を強い地震動が襲うことは確実です。

●**東京に被害をもたらす地震** 以下では東京を襲う地震，またその切迫性や対策についてふれます。東京の地下には3枚のプレートと2つのプレート境界があります（クローズアップ「東京の地下」図1参照）。プレート境界では海溝型地震で知られるように，マグニチュード（M）8クラスの大規模な地震が発生します。北米プレート・フィリピン海プレート境界で発生した海溝型地震として元禄関東地震や大正関東地震があります。

プレート内でも地震は発生します。最も浅い北米プレートでは立川断層（東京）をはじめ，関東では綾瀬川断層（埼玉）など複数の活断層が存在します。これらの活動はM7クラスの内陸直下型地震となります。海溝型地震に比べて小規模ですが陸域の浅い場所で発生し局所的な強い揺れが想定されています。

より深いフィリピン海プレート内でも地震は起こるようです。安政江戸地震は不明な点が多いのですが，東京湾北部付近地下のフィリピン海プレート内で発生したとの考えもあります。

このように東京付近で発生し，被害をもたらす地震の発生域はある程度特定されています。また，それぞれの切迫度も検討されてきました。例えば，元禄関東地震や大正関東地震と同じタイプの地震は当分起きないと予想されています。理由は前者が2,000～3,000年周期，後者が200～400年周期と考えられているからです。

●**首都直下地震** これに対して危惧されているのは首都直下地震で，M7程度の地震が想定されています。元禄関東地震と大正関東地震の間の地震活動は，前者発生後の70～80年間は比較的静穏で，その後，M7程度の地震を複数回発生する時期をへて後者が発生しました。大正関東地震から90年経過した現在は静穏期が終了しつつあり，今後M8クラスの地震が発生するまでM7クラスの地震が複数回発生する可能性があり，その確率が30年間で70%という予測もあります[1]。

●**地震にそなえる** このように長期的な地震発生予測はされていますが，直前予知は困難です。一方で災害軽減のために

個人，家族，地域，自治体の各レベルでできることがあります。例えば地震に対する強弱の地域性を知ることです。

現在の地震に対する危険度が自治体などにより公開されています。東京都は約5年ごとに地震に関する地域危険度測定調査を実施しています[2]。結果は最終的に総合危険度ランク図で示され（図1），都内の町丁目5,177地域ごとに危険度が5段階で示されています。最新版では85地域が危険度5とされました。

図1は建物倒壊危険度，火災危険度，災害時活動困難度に基づき作成されます。建物倒壊危険度は地盤条件と建物の量・特性により決められます。地盤条件は低地などでの揺れやすさや液状化，丘陵地での大規模造成盛土の影響も考慮されます。地形を反映し，東京東部と多摩川最下流部の両低地帯の危険度が高い傾向にあります。また環状七号線に沿った地域では建物の量・特性を反映してやや危険度の高い地域が見られます。

火災危険度は，耐火性の低い木造建物が密集し延焼遮断帯が未形成の地域で高くなります。これらを総合した総合危険度ランク図も上に挙げた地域の危険度が高い傾向が読みとれます。こうした図を災害前に確認し，自分の居住地が地震に対してどんな場所か理解することが地震災害の軽減の第一歩となります。

（鈴木毅彦）

参考文献

1）中央防災会議首都直下地震対策検討ワーキンググループ（2013）：首都直下地震の被害想定と対策について（最終報告）[http://www.bousai.go.jp/jishin/syuto/taisaku_wg/pdf/syuto_wg_report.pdf]，内閣府
2）東京都都市整備局（2018）：地震に関する地域危険度測定調査 [http://www.toshiseibi.metro.tokyo.jp/bosai/chousa_6/home.htm]，東京都（閲覧日：2020年1月30日）

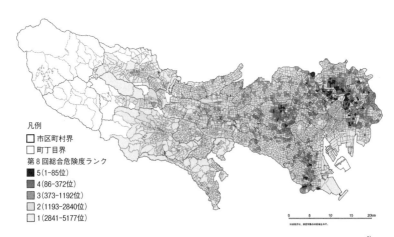

図1 地震に関する地域危険度測定調査による総合危険度ランク図の最新版（文献[2]より）

富士山と東京

●**東京と火山** これまで述べてきたように世界の大都市と比べて東京の地形や地質が活発な地学的現象を反映して形成されました。これに関連して火山の影響も見過ごせません。意外なことに東京は47都道府県の中で最も多くの活火山を有しています。国内には111の活火山が存在し、その10%をこえる14の活火山（海底火山を含めると21）が東京に存在します。いずれも伊豆諸島と小笠原諸島にあります。しかし、日本列島を縦断する火山フロントの東側に位置する東京23区と多摩地域には火山は存在しません。東京都庁のある新宿から一番近い活火山である箱根や富士までは直線距離で80〜95km離れています。このことは噴石や火砕流、山体崩壊などによる致命的

な火山災害は発生しにくいことを意味します。しかし、噴火災害は火山周辺のみならず、遠隔地にも降灰や火山泥流のかたちで発生します。東京23区と多摩地域でも噴火に起因する多くの火山災害のシナリオが想定されています[1]。その中でも特に可能性が高いのは富士山噴火による降灰です。

●**富士山とその東北東に位置する東京**

富士山は東京23区、多摩地域からよく見えます（図1）。手前の山地に隠されているため裾野は見えませんが、上部半分は眺められます。この美しい火山地形を風景として楽しむことができるのは東京の恵まれた点の1つです。しかし、よく見えるということは噴火すれば影響を受けやすいことを意味し、しかも東京が富士山の東に位置することに深い意味があります。

富士山噴火が東京に影響することは過

図1　羽田空港上空から見た富士山
富士山の手前には丹沢山地、関東平野南西部、多摩川下流部が見える（2003年3月、鈴木毅彦撮影）。

去の記録をさかのぼれば容易に知ること
ができます。記録には昔の人が文書や絵
で残したものと地層の中に残されたもの
の2種類があります。それらを見て富士
山と東京の関係について見てみましょ
う。

●**江戸時代に起きた宝永噴火**　富士山で
一番最近に発生した噴火は，江戸時代中
期の宝永4(1707)年12月に発生した宝
永噴火です。この噴火では，高い噴煙柱
（おそらく10km以上）が富士山中腹部
の宝永火口から立ち上がりました。爆発
的な噴火でした。噴出物は西風に運ば
れ，当時の江戸の町に数cm以上の降灰
があったと記録されています。

　この噴火の特徴は過去10万年におよ
ぶ富士山の活動史の中でも噴火規模とし
て最大級であったこと，そして噴火発生
直後，富士山としては例外的なデイサイ
ト質マグマ（比較的 SiO_2 が多い）に由
来する白色の軽石が噴出し，その後，本
来の富士山を特徴づける玄武岩質の黒色
のスコリア（形状は軽石と類似する）が
噴出したことです。このことは，新井白
石が江戸で書き記した『折たく柴の記』
の中で「（中略）23日，前夜の地震に続
いて昼頃から雷鳴のような音が聞こえ，
やがて雪のように白灰が降ってきたとい
うのです。（中略）25日からは黒灰が降
り始め，（中略）」という記述にも表れて
います。宝永噴火は富士山周辺の静岡県
東部から神奈川県西部にかけて大きな影
響を与えました。しかし，江戸の町には
それ程壊滅的な被害を与えたわけではあ
りません。しかし現代のような電力やコ
ンピュータ，航空機などに支えられた複
雑な仕組みをもつ社会では，同様な噴火
が発生した場合，深刻な影響が生じるで
しょう。

●**地層に残された富士山噴火**　宝永噴火
以前に発生した大規模な富士山噴火とし
て平安時代の貞観噴火が知られていま
す。このときは多量の溶岩が流出しまし
たが，おそらく東京にはほとんど降灰は
なかったと考えられます。しかし，それ
以前になると文書などによる歴史記録は
ありません。しかし，降灰の証拠となる
地層はあります。それは関東ローム層で
す。関東の台地と丘陵を覆うこの地層の
多くの部分は火山噴火によりもたらされ
た火山灰からなります。特に，最近10
万年間に堆積した関東ローム層の主体は
富士山噴火による火山灰です。宝永噴火
のような爆発的な噴火のたびに火山灰は
風により運ばれ，関東ローム層が形成さ
れてきたのです。火山灰を運ぶ西風は偏
西風です。日本列島付近の緯度ですと，
偏西風が卓越するため，多くの場合，富
士山の東側に火山灰が運ばれます。東京
付近ですと平均的に1万年間で1mの
関東ローム層が堆積してきましたが，西
側の静岡県西部では関東ローム層に相当
する地層はほとんどありません。降灰と
いう意味では東京と富士山には密接な関
係があるといえます。　　　（鈴木毅彦）

参考文献

1）鈴木毅彦（2013）：「東京とその周辺にお
　ける火山災害の歴史と将来」．『地学雑
　誌』，122，pp.1088-1098

第2章　東京の気候

北の丸公園内に移転した気象庁（東京管区気象台）の地上気象観測地点「東京」。（2016年9月，高橋日出男撮影）

　本章では東京の気候について，まず島嶼部を含む季節変化の特徴とその背景を概観します。そして，降水分布の季節性や，気温分布と局地風系との関わりなどを多数の観測データによる解析結果を踏まえて都市気候の観点から考察します。

2.1　東京の気候に関与する地理的背景

　東京はユーラシア大陸東縁部中緯度の日本列島太平洋側に位置し，冬季は大陸からの寒冷な北西季節風が，夏季は太平洋からの高温多湿な南寄りの季節風が卓越し，季節の変化が明瞭です。また，東京を擁する関東平野は，北側や西側に三国山地や関東山地など標高の高い山地があり，冬季には乾燥した晴天が多く現れます。一方で南側と東側は太平洋に面し，さらに内湾である東京湾が南から深く入り込んでいます。標高差や海陸の分布は，海陸風や山谷風などの局地風系を形成しますが，都市化に起因する都市ヒートアイランドが顕著に現れる東京では，これらの地域スケールの大気現象が複雑に関係し合って地域の気候の特徴が形成されます。

　以上のような東京の地理的背景にもとづいて，本章では東京の気候に関し，東京都区部（都心）と多摩地域（東京西郊），および島嶼部における降水量と気温の季節変化，ならびにその背景として日々の天気図に現れる高低気圧や前線の影響を概観します。そして，東京都区部や南関東の範囲を取り上げて，大都市東京を中心とする気温分布と海陸風など風系の特徴を考えます。

2.2　東京の降水と気温の季節変化

　図2.1は東京都心（千代田区，地点名：東京）の通年半旬平年値による降水量と気温の季節変化を示しています。これは30年間（1981〜2010年，以下同様）の日別平年値を平滑化し，1月1日から5日（半旬）ごとに，気温については平均，降水量については合計したそれぞれ73個の半旬値の時系列です。半旬単位で見ることにより，月単位よりも詳細に季節変化を捉えることにします。

　降水量の季節変化　　東京の年降水量平年値は1,528.8mmで，これを5日あたりにすると20.9mmです。半旬降水量がこの値を上まわる降水量の多い期間は，おおむね3月中頃から10月末頃です。ただし降水量の季節変化は気温より複雑で，降水量の極大時期がいくつか認められます。6月中頃から7月中頃の梅雨季と，9月末頃を中心とした秋雨・台風季の極大は明瞭で，その間の降水量の少ない時期が太平洋高気圧に覆われる盛夏季にあたります。東京などの東日本では，梅雨季に比べて秋雨・台風季の降水量が多い傾向にあります。降水量が比較的多いほかの時期として，3月後半から4月前半の菜種梅雨，5月中頃の走り梅雨，11月後半の山茶花梅雨などがあります。これらは梅雨季や秋雨・台風季と比べて時期や降水量の年々の差異が大きく，はっきりしない年もあります。

　気温の季節変化　　気温の季節変化は，降水量と比べると単純ですが，よく

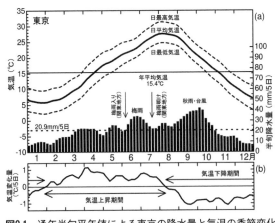

図2.1　　通年半旬平年値による東京の降水量と気温の季節変化

見ると6月には気温の上昇が足踏みしています（図2.1）。気温の上昇が鈍る時期は降水量が極大となる前の梅雨季前半にあたっていて、梅雨季後半の7月には気温の上昇が急に大きくなります。このことは、曇雨天による日射量の減少以外にも、梅雨季の前半にはオホーツク海高気圧からの冷涼な北東気流が関東地方にも影響を与えて梅雨寒となりやすく、後半には太平洋高気圧が次第に勢力を増し、南寄りの風によって高温多湿な空気が流入しやすくなることに対応します。雨の降り方も、梅雨季前半はシトシトと降る陰性型ですが、後半にはザァと降っては止み間もある陽性型に変化します。なお、気温上昇量が最も大きいのは、4月初め頃の菜種梅雨の時期で、文字通り「一雨ごとに暖かさを増す」時候にあたります。

都心と島嶼部の違い　　ここで都心と島嶼部における気候の季節変化を比較してみましょう。図2.2と図2.3は、伊豆諸島南部の八丈島と小笠原諸島の父島における降水量と気温の季節変化を示しています。八丈島の年降水量平年値は3,202.4 mm（43.9 mm/5日）で、これは東京都にあるアメダスの中で最多です。父島では1292.5 mm（17.8 mm/5日）と都心よりも少なくなります。梅雨季にあたる降水量の極大は3地点とも明瞭で、梅雨前線の季節的な北上に対応し、父島に比べて東京では極大が1か月ほど遅れます。父島の梅雨後の降水量極小時期が、東京の梅雨最盛期にあたります。一方で、秋雨前線の南下に対応して、東京に少し遅れて現れる八丈島の秋雨・台風季の降水量極大はきわめて明瞭です。しかし、父島では9月から11月にかけてやや降水量が多いですが、降水量の季節的な集中性は見られません。同様に、冬の後半から春先にかけて、雪に弱い東京都心に時として大雪をもたらす（クローズアップ「東京の

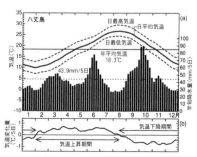

図2.2　通年半旬平均値による東京の降水量と気温の季節変化（八丈島について）

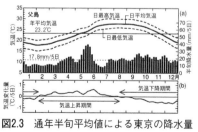

図2.3　通年半旬平均値による東京の降水量と気温の季節変化（父島について）

雪」参照）南岸低気圧の通過に対応した降水量の増加は，八丈島や都心では認められますが父島には現れていません。小笠原諸島は，東京都のほかの地域と比べて，雨の季節はだいぶ異なるようです。気温の季節変化では，父島の日平均気温は真冬でも18℃程度，真夏でも28℃程度で気温の年較差が小さく，また気温の極小や極大が半月ほど東京より遅れており，八丈島でも同様の傾向を示します。これは陸に比べて暖まりにくくて冷えにくく，かつ温度変化が遅れがちになる海洋に囲まれている影響と考えられます。

都心と東京西郊（内陸部）の違い　　東京の西郊と都心の気候を比較するため，図2.4(a)には半旬降水量について八王子と東京との差（八王子-東京）を示しました。八王子の年降水量平年値は1,602.3 mmで東京よりやや多いですが，これは夏季の降水量の多さによっています。夏季には山地で雷雨の発生頻度が高いことなど地形的な要因により，関東山地からその東麓で降水量が多く，降水量は東京の西から東へ向かって減少します。夏季以外では，日本南岸の前線や低気圧の通過に伴う降水の寄与が大きいため，東京付近では北から南に向かって少しずつ降水量が増大し，東西方向の降水量の差は大きくありません。

図2.4(b)には，気温の日較差を半旬平年値による日最高気温と日最低気温の差で示しています。日較差は，暖候期に比べて寒候期に大きくなり，寒候期に東京では7℃程度ですが八王子では10℃以上あります。都心から40 km程度内陸の八王子では，典型的な内陸盆地にある甲府に近い日較差の大きさです。日最高気温の平年値は東京と八王子とで大差がありませんが，日最低気温が八王子では冬季を中心に4℃程度東京より低いため，八王子の日較差が大きくなっています。なお，海に囲まれた島嶼部では日較差も小さく，通年4〜5℃です。

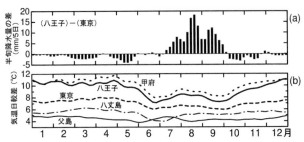

図2.4　東京と八王子における半旬降水量の差(a)と各地点における日較差(b)の季節変化

2.3 東京の気温分布

　都市気候とは，都市化に起因して自然状態から改変された気候をいい，都市ヒートアイランドはその代表です。都心が高温となる典型的なヒートアイランドは，東京に限らず，一般に冬季の夜間から早朝の晴天弱風条件下で顕著に現れます。以下では，典型的なヒートアイランドが現れる冬季の早朝と，熱中症や電力使用量の点からしばしば話題になる夏季日中の気温分布を取り上げます。

　冬季夜間の気温分布　　冬季の晴天弱風日について東京都心と都区部外側との気温差（ヒートアイランド強度）の時間変化を調べる[1]と，日中にはほとんど差はありませんが，日没前後の数時間で急に都心の高温の程度が大きくなります。その後は気温差が最大（冬季は4~5℃）となる日の出頃（6時）まで，少しずつ気温差が拡大し，日の出後は急激に気温差がなくなります。ただし，風速や雲量に大差がなくとも，個々の事例の気温差はかなりばらつくことから，都区部内外の気温差だけを見てもヒートアイランド現象は複雑です。

　図2.5 は，冬季晴天弱風の日の出頃（6時）において都区部内外の気温差が大きかった37 事例の平均気温分布図です。この図では，気象庁アメダスのほかにも，自治体の大気汚染常時監視測定局（常監局）や，複数の大学・研究機関と共同運営している観測網（広域 METROS）など領域内 124 地点のデータを用いています。このような 稠密観測網によると，高温の中心が中央区（銀座付近）にあることや，都区部の北部から西部および東部には等温線の間隔が狭い気温急変域のあることがわかります。高温の中心や気温急変域の位置は，

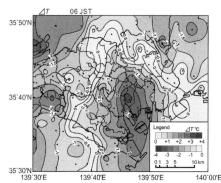

図2.5　晴天弱風の冬季における6時の平均気温分布（文献[1]より）
　　　　気温は領域平均からの偏差によって表現している。

夜間を通してあまり変化しませんが，時間の経過とともに次第に明瞭になり，都区部の中でも3〜4℃の気温差が現れます。

夏季日中の気温分布　東京における夏季日中の気温分布は，海風の影響を強く受けます。海風と陸風の交替については次節で取り上げますが，温度の日変化の小さい海に対して，陸地は日中高温に，夜間は低温になります。日中の海風は低温な海から陸へ，夜間の陸風は低温な内陸から海に向かって吹き，東京の場合，海風は南寄りの風，陸風は北から西寄りの風です。

東京湾や相模湾からの南寄りの海風が都区部を吹走する昼過ぎには，図2.6のように埼玉県南部に高温の極大が認められ，都区部では北部ほど高温になります。低温な海上から空気がやってくるため，沿岸部ほど低温で，海風は地表面から加熱を受けて次第に昇温しながら内陸へ侵入します。侵入する海風の先端を海風前線といい，昼過ぎには埼玉県南部に海風前線が到達します。海風前線付近は風速が小さいため，地表面から加熱を受けた高温な空気が滞留しやすく，特に海風前線の内陸側で高温になりやすいと考えられます。

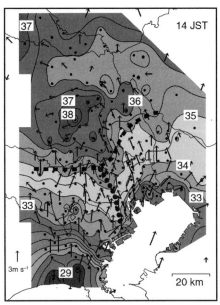

図2.6　夏季日中の海風時における気温分布（2006年8月4日14時）（文献[2]より）
破線は海風前線，黒丸の列は収束の極大を表す。
注：気温は広域METROS，風向風速は常監局のデータを主に使用。

東京付近における気温分布のもう1つの特徴は，埼玉県南部の高温域から都区部南部にかけて高温な領域がくさび状に認められることです。この理由は必ずしも明確になってはいませんが，次のように考えられます。相模湾からの海風はほぼ南風ですが，東京湾からの海風は少し東風成分をもって吹くため，都区部西部で2つの海風がぶつかります（収束）。収束域付近では風速が小さくなり，高温な空気が留まりやすいことが理由として考えられます。海風がこの付近で弱まることによる冷やし残しともいえるでしょう。このような2つの海風の収束や高温域の存在は，環八雲（クローズアップ「環八雲」参照）の発生にも関係しそうです。

2.4　東京付近における海陸風の交替

　海風と陸風，山風と谷風のように，海陸分布や地形に起因する風系は，風向がいつも大体一定しています。一方で，風系の交替時刻頃は風速が小さく，風向のバラツキも大きくなります。このような特徴を利用して，夏季晴天日を対象に，東京付近における風系の交替時刻を調べたものが図2.7です。

　日中の図2.7(a)によれば，9時頃に東京湾や相模湾の沿岸部から海風が始まり，11時には東京の区部や市部を通過して，12時には埼玉県南部に海風が達します。関東山地東側の等時刻線は，山地に向かう東寄りの谷風の範囲が東方

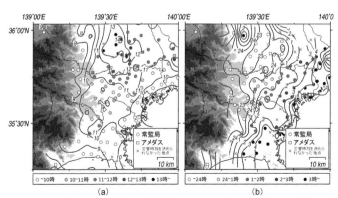

図2.7　夏季晴天日の日中(a)と夜間(b)における風系の交替時刻（文献[3]より）
図中の数字は時刻を表す。ただし，(b)は内陸からの陸風が東京湾沿岸まで到達した場合。
注：気象庁アメダスと常監局のデータを使用。

へゆっくり拡大していることを示しています。同様に北関東でも南寄りの谷風が南側へ拡大します。埼玉県南部に交替時刻の遅い地域がありますが，ここは海風と谷風のはざまにあたり，14時以降は両者が結合して関東平野を南寄りの風が広く覆う，いわゆる広域海風の状態に移行すると考えられます。

　夜間には埼玉県南部で陸風が現れても，東京都心では終夜南寄りの風が吹き，陸風が到達しないことがしばしばあります。図2.7(b)は東京湾沿岸まで陸風が到達した場合における風系の交替時刻ですが，それでも東京湾岸の陸風の開始は5時頃となり，都心を通過する陸風は，海風に比べてかなり進行の遅いことがわかります。東京で陸風の到達が遅れる，もしくは到達しない理由として，夜間には都心付近が高温となり，そこが低圧部（収束域）となって陸風前線を停滞させること[4]や，都心の建築物による大きな地表面の凸凹により風速の小さい陸風が入り込めないことが指摘され，大都市の存在が局地風系に影響を与えている可能性が示唆されます。また，夏季夜間には東京湾周辺から房総半島にやや強い南西風が現れる[5]ため，陸風が南進できないことも考えられます。

（高橋日出男）

参考文献

1 ）高橋日出男・清水昭吾・大和広明・瀬戸芳一・横山　仁（2014）：「稠密観測データに基づく晴天弱風の冬季夜間における東京都区部を中心とした気温分布について」．『地学雑誌』，123，pp.189-210

2 ）Yamato, H., Mikami, T. and Takahashi, H.(2017): "Impact of sea breeze penetration over urban areas on midsummer temperature distributions in the Tokyo Metropolitan area." International Journal of Climatology, 37, pp.5154-5169

3 ）瀬戸芳一・福嶋アダム・高橋日出男（2019）：「夏季の南関東における局地風系の交替時刻の地域分布」．E-journal GEO，14，pp.223-232

4 ）高橋一之・高橋日出男（2013）：「夏季夜間の局地風系に及ぼす東京都心域のヒートアイランド現象の影響－高密度観測網の気圧データを用いた事例解析－」．『天気』，60，pp.505-519

5 ）Harada, A.(1981): "An analytical study of nocturnal low-level jet over Kanto plain, Japan." Papers in Meteorology and Geophysics, 32, pp.233-245

東京の夏は，なぜ 「暑い」だけではなく 「蒸し暑い」のか？

●**本当に蒸し暑い……** 東京（関東）の夏は，なぜこんなにも蒸し暑いのでしょうか。地球温暖化が大きな社会問題となっておりますが，その影響なのでしょうか。それとも，東京のような大都市だからなのでしょうか。それとも，それ以外の要因が大きいのでしょうか。

●**梅雨明けの夏らしい暑さ** 梅雨明けの前後で，地球規模の大気の流れは大きく変わりませんが，梅雨の時期は湿潤で肌寒い日が多くあります。しかし，太平洋高気圧に覆われると急激に気温が上昇し，いわゆる「夏らしい暑さ」になります。太平洋高気圧のもとでは，大気はゆっくりと上空から地上に運ばれ，下層で発散します。この下降気流は，雲の発生を抑制するため，強い太陽放射により地面が加熱されます。最近では，日本の夏の暑さには，太平洋高気圧に加えて，それよりもさらに上空の対流圏上部に位置するチベット高気圧の重要性も指摘されています（図1）。ちなみに太平洋高気圧とチベット高気圧は，南アジア・東南アジアモンスーンの降水活動との関連がありますので，日本の夏を理解するには，熱帯アジアのことも知る必要があるのです。いずれにしろ，晴天による太陽放射の効果はとても大きいのです。実は，これに加えて上空からの下降流も重要です。なぜ下降流が暑さに重要なのでしょうか。飛行機などで上昇すると気温が下がることからわかるように，対流圏では，実際の気温は上空で低いのですが，同じ気圧下では，上空の方が高温なのです。

●**下降流による気温の上昇と湿度の低下** 現実には不可能ですが，仮想的に上空の空気を断熱的に地表までもってきて，地表の大気圧まで加圧すると，気温が高いことがわかります。1つの例があります。飛行機は上空では，加圧した空気を冷房で冷やしているのです。冷房が故障すると乗っている人は熱中症になってしまうかもしれません。そのため，飛行機が寒いときは，上空が寒すぎるというわけではなく，冷房が強すぎると考えられます。

一方，上空には水蒸気の供給源がほとんどないために，上空の空気は基本的にとても乾燥しています。また，上空の空気を断熱的に海面気圧まで圧縮すると暖かいのですが，上空の気圧のもとでは，低温です。ここで，飽和水蒸気曲線というものをご存じでしょうか。飽和水蒸気曲線によると，気温が上がると大気が保持できる水蒸気量が増えることを示しています。よって，上空の空気は元々低温なので，雲があるような場合でも，地上と比べてとても乾燥しているのです。

●**都市化の影響かも？？** 都市化の影響も気になるところです。一般的に，都市化により大気は乾燥化します。これは，地表面が人工的に改変され，植生や土壌の被覆率が下がることが主要因です。植生や土壌は，アスファルトやコンクリー

トに比べて保湿作用が大きいため，太陽からの正味の入力エネルギーが同じ場合には，地表の水分の蒸発にエネルギーが消費され，加熱に使われるエネルギーは，相対的に少なくなります。そのために，都市化は一般的に，気温の上昇と乾燥を引き起こすのです。東京も長期間の観測により，乾燥化していることが知られていますが，そのような効果を感じさせないような「蒸し暑さ」でしょう。都市化についても「暑さ」は説明できても，「蒸し暑さ」は説明できそうにありません。

●蒸す理由　関東の「暑さ」は太平洋高気圧の張り出しで説明できそうですが，「蒸し暑さ」は別の要因も考える必要があります。つまり水蒸気の供給源です。その1つとして，日本の南を流れる黒潮などの暖かい海面水温の存在が考えられます。高い海面水温の海は，大量の水蒸気を大気に供給します。この大量の水蒸気がモンスーンの流れに日本の地形による力学的・熱力学的な効果が加わることで，水蒸気が関東の沿岸部に運ばれると考えられます。筆者の研究[1]では，とても蒸し暑い夏には，関東の南の海の海面水温が高く，そこから大量の水蒸気が供給されることが，東京の蒸し暑さに影響を及ぼしていることが示されました。したがって，地球規模の温暖化により気温の底上げはあるものの，ほかの地域に比べて，特に東京が「蒸し暑い」可能性があります。さらに近年，黒潮域の海面水温の長期的な温暖化は，全球平均の上昇に比べてとても大きいことが指摘されています。この海の影響なども加えた複合的な要因により関東は「蒸し暑い」のだと考えられます。実際には，エルニーニョ・南方振動による遠隔影響や大気と陸と海の相互作用により，さらに複雑な様相となります。このあたりは，夏の予報の難しさの要因となります。

（高橋　洋）

参考文献

1）Takahashi, H. G., Adachi, S. A., Sato, T., Hara, M., Ma, X., and Kimura, F.(2015): "An oceanic impact of the Kuroshio on surface air temperature on the Pacific coast of Japan in summer: Regional H_2O greenhouse gas effect." Journal of Climate, 28, pp.7128-7144

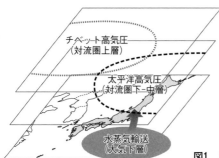

図1　日本の夏の「蒸し暑さ」の概念図

東京の雪

●**冬の大イベント**　社会的に大きな問題となる東京の雪。雪に慣れた地域の人からすれば，ほんのわずかな雪ですが，慣れない地域の人には，大変なものです。東京をはじめとした関東地方では人々は，冬，雪に一喜一憂してしまいます。子供心にはとてもうれしいものですが，社会的には交通障害やそれに関連した社会生活への影響が大きな問題となります。

●**東京の雪の予報は難しい**　気象予報の観点からは，東京の雪の予測はとても難しいとされています。的中率は50％といったところかと思われます。東京の雪は南岸低気圧によってもたらされることはよく知られています。南岸低気圧と名前がついているとなんだか特別な印象もありますが，基本的には，中高緯度の普通の温帯低気圧で，日本の南岸を東進もしくは，北東進するものです。一般的に温帯低気圧は，気象予報においては予報の的中率が高いので，予報が難しくないような気もします。例えば，低気圧でも，熱帯低気圧に分類される台風の予報はとても難しいのです。また，日本では，梅雨前線などの予報も難しいとされています。

東京の雪の予報が難しい理由として，地上付近の気温の予報の難しさが挙げられます。気温に対して，雪になるか雨になるかということが非常にセンシティブなためです。これは，東京の地理的な状況にも関係しています。というのは，東京の平均気温が雪と雨の境目の微妙な気温に近いからです。また，関東地域内などの詳細な数値気象予報において，地表面の状態をどれだけ詳しく予報するかという問題もあります。

雪は白いので雪がない状態に比べて太陽光に対する反射率が高く，太陽光をよく反射します。そのため，太陽による地表面の加熱が小さくなります。加熱の減少は，地上気温の上昇を妨げるため，雪が溶けるのを抑制します。それにより雪は長いこと地表面に残ります。雪が残っていれば，反射率（専門用語でアルベド）が高い状態が続きます。この一連の「雪‐反射率‐気温変化」の繰り返しの影響を「アイス・アルベドフィードバック」とよびますが，気象予報では，このフィードバックが強すぎたり，弱すぎたりすることで，予報に影響を及ぼす可能性があります。これは，今後改善すべき課題といえます。またこのアイス・アルベドフィードバックは地球温暖化の文脈でも非常に重要なため，様々な観点から研究が続けられています。

●**黒潮の大蛇行の東京の雪への影響**
2019年4月現在，2018年から始まった黒潮の大蛇行が大きな話題となっています。黒潮が大蛇行のときには東京で雪が降りやすいという傾向があるらしいのですが，本当なのでしょうか。筆者の最近の研究では，黒潮の大蛇行に伴う関東の南海上の海面水温の変化は，あまり雪への影響はなさそうです。まだ十分に解明されていない問題としては，黒潮の大蛇

行により低気圧の経路がどの程度変わるのかという問題が残っています。低気圧経路の変化は，雪と雨への影響がとても大きいことが予想されます。

●**豪雪は最近多いのか**　最近だけに着目すると，豪雪が増えているのでは，と考えたくもなります。科学的な根拠は，客観的な気象データにより判断されるべきですので，12月から2月までの3か月間の降雪の深さの合計（1日ごとに積もった雪の量を積算したもの）の時系列を示します（図1）。気象庁の雪のデータは，現在のところ1961年から現在までのものが使えますので，60年弱の期間です。図1を見ると，2000年代に比べると，最近，少し雪が多いかもしれませんが，過去にも同様に雪が多い時期（1970年前後，1990年前後）もありますので，最近増えているという傾向は見られません。ここで1つ問題となるのは，データの短さです。過去の気象庁のデータは紙媒体で残っているものもありますので，それを追加して，100年くらいの時系列を見たら，東京の雪の気候変動がより詳しくわかるかもしれません。

●**豪雪の定義はあいまい**　近年の豪雪の増加について，今のところ科学的な根拠は見つかっていないようです。注意すべきことは，ニュースなどで目にするいわゆる「平成○○年豪雪」というのは，必ずしも純粋に雪が多いか少ないかではなく，雪による社会的な影響を含めて決められているということです。つまり自然科学の視点からの豪雪とは，少し違うのです。

●**東京の雪への対応**　東京の雪には，防災の観点から予報精度の向上を続ける必要があります。一方で，このような数年に1度程度の低頻度の災害は，人々の経験があまり役に立たないのかもしれません。東京の豪雪の場合，多くの人は避難の必要性が低いので，自宅待機をするなどして，無理をしないことが大切かもしれません。防災・減災では，人々がどのように対応するのかがとても重要であり，多角的な視点からのアプローチが必要です。

（高橋　洋）

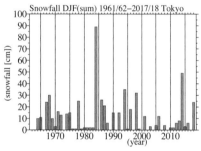

図1　東京における日降雪深の12月から2月の3か月積算値の時系列

1961年12月から1962年2月までの3か月（冬季積算）を1962年のデータとして，図化している。

環八雲

●どんな雲か　通称環状八号線（東京都道311号）上に「背の低い雲」が出現することがよく知られています。この雲が環八雲とよばれているものです。気象学では、この雲は晴天積雲とよばれており、夏を中心によく晴れた日に出現する傾向があるとされています。観測データが限られている中で、この環八雲は、都市化による人間活動の気候への影響の代表格として、一時期話題になりました。

●どのような大気条件で出現するのか
環八雲などの晴天積雲は、高度1〜2km程度を中心に出現することが多いとされています。これは、大気境界層とよばれる地表面の影響を受けやすい大気層の上端で水蒸気の凝結が起こり、雲が形成されたものと考えられます。具体的には、太陽放射により地表面が加熱されて、地表面からの熱エネルギーにより大気の下層が加熱されます。大気は、同じ気圧のもとでは、温度が高いほど軽くなりますので、地表面付近で暖められた空気は上昇する力（浮力）を得ます。実際には、地表面付近では、空気がかき混ぜられながら、徐々に下層から暖まります。この地表面の影響を受けた大気層を大気境界層とよびます。大気境界層は、条件により、夏季の東京では高度1〜2kmまで発達することが知られています。

●いつも同じ場所で発生しないかも　実際に、晴天積雲が高頻度で同じ場所に出現するのでしょうか。環八雲であれば、環八という地理的に固定された場所に頻繁に出現するのでしょうか。

　似たような場所に、積雲が高頻度で発生するものとしてよく知られているのは、夏のよく晴れた日に、関東の山沿いの同じようなところに雲が発生することです。これは、日中の加熱により山の斜面に沿って上昇流が発生しやすいために、毎日、多少は風の流れなど違いがあるわけですが、山の影響力がよく見えるわけです。図1においては、伊豆大島でも雲が見えます。ほかの日にも見えることがよくあります。伊豆大島は、いわゆる海陸風と山谷風の2つの強い局地風により、高頻度にほぼ同じところに雲が発生しているのです。

　環状八号線沿いに高頻度で雲が発生するためには、そこに何らかの強い強制力が必要です。都市がその役割を果たすかもしれないとも期待されるわけですが、観測の統計を見る限り実際にはその影響は強くないと思われます。

　図1のように晴天積雲は海岸付近には発達しにくいので、少し内陸の地域に確認できます。大雑把に見ると、環状八号線沿いは、海岸から内陸に少し入った地域なので、晴天積雲がそれなりに確認はできます。とても、興味深いところですが、雲の出現頻度などの調査によれば、同じ場所に晴天積雲が高頻度に観測されているわけではないようです。その証拠として、図1と同じ日でも10分、20分の違いで微妙に雲の位置が変わっていました。また、次の日の同じ時刻でも、雲の位置は少し違っていました。

●**都市化による地表面状態の変化の影響は**　都市化により地表面が人工被覆に覆われると，地表面でのエネルギーの配分が変わります。地表面の温度上昇に使われるか，土壌などの水分の蒸発に使われるかの2つに配分されます。都市化によって地表面が乾燥する傾向がありますので，蒸発熱に使われていたものの一部が地表面の加熱に使われ，より地表面が熱くなります。ですので，東京全体の地表面は熱くなりますが，環八周辺だけ特別に熱くなるわけではありませんので，この影響を理由に，環八雲を説明するのは難しいでしょう。

●**大気汚染物質が寄与しているかも**　大気汚染として重要なエアロゾルについての議論もあります。エアロゾルとは，空気中を浮遊する微粒子のことです。その一種である PM2.5 は，なじみがあるかもしれません。自然起源のエアロゾルもありますので，すべてが人為起源ではありません。エアロゾルは，大気汚染だけではなく，雲の核にもなり，雲の生成を促進します。交通量の多い環八上空ですから，環八雲の形成に，このエアロゾルが関わっているのではないかとの話もありますが，今のところどの程度の貢献があるのかは，定量化できていません。また東京では，高度成長期の大気環境では，高濃度のエアロゾルにより雲ができやすい環境であったかもしれませんが，エアロゾル量は1970年代から減少しています。環八雲が話題になったのが1990年代のため，時系列的に見ても，大気汚染との関連はよくわかりません。

●**豪雨とは直接的な関係なし**　また，よく見かける誤解として，この環八雲と局地豪雨との関連が指摘されている場合がありますが，環八雲は雨を降らすような雲ではないので，環八雲が発生しやすい大気の状態と豪雨が発生しやすい大気の状態が関連している可能性はないわけではありませんが，直接的な関係はありません。

　環八雲自体は，自然科学的によくわからないものでしたが，社会における環境問題という文脈ではとても重要な問題提起です。実際には都市化などの地表面改変の影響について，よくわからないことがまだまだたくさんあります。熱中症，生態系への影響，エアロゾルなどの問題は，環境問題として今後さらに重要な問題となりそうです。　　　　（高橋　洋）

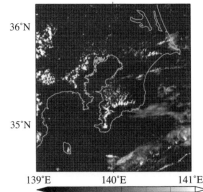

Albedo Himawari8 VIS 500 m

図1　気象衛星ひまわり8号による可視画像（波長：500 nm）から算出した反射率
高い反射率（白っぽい）は雲と考えられる。反射率は0から1までの値をとる。

ゲリラ豪雨

●ゲリラ豪雨とは　東京では毎年夏になると，雷雨性の短時間強雨に伴って下水道から水が地上に溢れたり，時にはマンホールから噴き出したりして，市街地の道路が冠水した様子が幾度かニュースになります。市街地の表面は，コンクリートや密集した建築物の屋上・屋根面がほとんどのため，急な大量の雨水がそこからただちに下水道・中小河川，地形的な低所へ集中し，十分に排水処理しきれない場合には，このような都市型水害（内水氾濫）に至ることがあります。

　1999 年 7 月 21 日や 2008 年 8 月 5 日の短時間強雨では犠牲者が発生し，数百棟に及ぶ床上・床下浸水がありました。また，落雷による停電や鉄道の運休，猛烈な雨に不意打ちされるなど，都市活動や市民生活への影響が大きいことから，都市の短時間強雨は社会的にも関心の高い気象現象と認識されるようになりました。2008 年の新語・流行語大賞トップ 10 に選ばれたこともあり，積乱雲に伴う局地的で予測が難しい突発的な強雨を指す俗語として「ゲリラ豪雨」が広まりました。予報用語として気象庁では「局地的大雨」を使用しており，論文などでも短時間や局地的と，強雨や大雨，豪雨を組み合わせた言葉が使われます。ここでは短時間強雨を用いることにしますが，いずれにしても明確な定義や基準はありません。

●強雨をもたらす積乱雲　短時間強雨をもたらす積乱雲は，発達すると雲頂が対流圏上端の高さ十数 km に達することがある一方で，積乱雲 1 個の直径は数 km から 10 km ほどです。東京都区部を円で近似すると直径 30 km 弱なので，都区部の中でも強く降っているところとまったく降っていないところが現れてきます（図1）。積乱雲の寿命は短く，猛烈な雨が観測されるのも数十分からせいぜい 1 時間です（図1）。積乱雲が発生・発達するためには上昇流が必要ですが，いったん強い雨が降り出すと，落下する大量の雨粒が空気を引きずり降ろして下降流をつくるため，しだいに上昇流による雲内への水蒸気供給や雨粒の形成が衰えてきます。積乱雲は，強い雨の降り出しとともに衰弱が始まり，終末へ向かう運命にあります。その一方で，下降流は地表付近で周囲へ吹き出す風（冷気外出流）となり，これが周りの空気を持ち上げて新たな積乱雲をつくり，世代交代をすることがあります。

●都市の影響　都市ヒートアイランドによって地表付近が高温だったり，たくさんの高い建築物があり地表面の凸凹が大きかったりするため，都市域では大気下層で上昇流が起きやすく，短時間強雨が発生・発達しやすいといわれます。これらの影響を想定することは可能ですが，積乱雲は都市域以外でも普通に発生・発達するため，都市域に強雨が現れたからといって，ただちにそれを都市の影響とみなすことは困難です。シミュレーションによっても，都市が積乱雲を発達させる場合と衰弱させる場合があるようで

す. 都市の影響を観測データから抽出しようとした研究の多くは, 長期間の密な雨量観測網やレーダーなどのデータを用いて, 強雨発現頻度の地域性などを統計的に調べています. 欧米都市では都市域の 20〜60 km 風下側に強雨発現頻度の極大が現れるとする研究[2] がいくつかありますが, 関東平野は風系が複雑なためか, その傾向は東京周辺では明確にされていません. 東京都心部で南風, 埼玉県南部で東風の場合に風の収束域となりやすい東京・埼玉の都県境付近には帯状の高頻度帯が認められ, 都区部西側の北部から西部, 南部では都区部の東側と比べて短時間強雨の頻度が高いようです (図2).

(高橋日出男)

参考文献

1) 高橋日出男 (2010):「都市と降水現象」. 『内陸都市はなぜ暑いか―日本一高温の熊谷から―』(福岡義隆・中川清隆 編著), pp.75-102, 成山堂書店

2) Shepherd, J. M., Pierce, H. and Negri, A. J.(2002): "Rainfall modification by major urban areas: Observation from spaceborne rain radar on the TRMM satellite." Journal of Applied Meteorology, 41, pp.689-701

3) 高橋日出男・中村康子・鈴木博人 (2011):「東京都区部における強雨頻度分布と建築物高度の空間構造との関係」. 『地学雑誌』, 120, pp.359-381

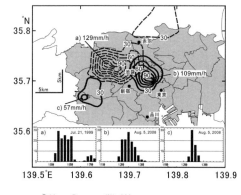

図1 2事例の短時間強雨に関する1時間降水量分布と降水量の極大地点 (a〜c)における10分降水量(mm: 縦軸)の時間推移(文献[1]より)

1999年7月21日(破線):a

2008年8月5日(実線):b, c

降水量の等値線は, 東京都区部の大雨注意報の基準に相当する30 mm/h 以上の領域について, 15 mm/h 間隔で引いている. 灰色の領域は東京都区部を表す.

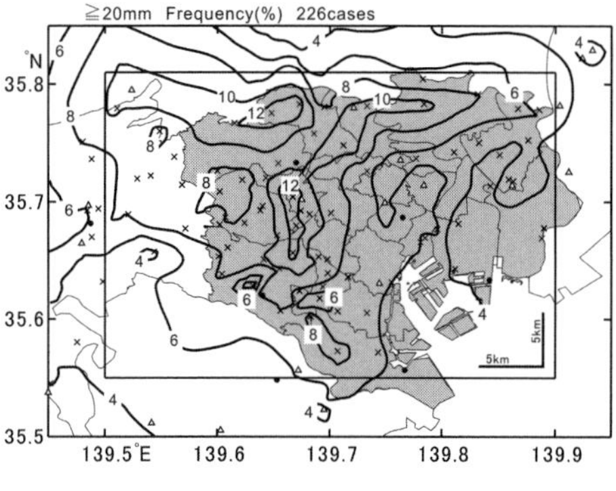

図2 東京都区部を中心とした1時間降水量20 mm 以上の強雨頻度分布 (文献[3]より)

内側枠内で発現した1991〜2012年の夏季 (6〜9月)における全226事例の強雨事例 (20 mm/h 以上)に対する各観測点の頻度 (%)で表現してある(領域外の観測点も使用). 灰色の領域は東京都区部を表す.

●:アメダス観測点, △:JR観測点,

×:東京都観測点

第3章

東京の動植物

「都の花」であるソメイヨシノに蜜を吸いに来たヒヨドリ。（2017年4月，高岡貞夫撮影）

大都市東京には，開発による破壊をまぬがれた貴重な自然が残されています。高度経済成長期に後退したものの，徐々に回復してきたように見える自然もあります。一方で，土地利用変化や外来種の影響によって，失われつつある自然もあります。本章では，動植物がつくる東京の自然を概観してみましょう。

3.1 多様な森林植生

東京都の面積は小さく，47都道府県を面積順に並べると下から3番目になります。しかし標高分布を見ると，東京湾から奥多摩町の雲取山（山頂標高2,017 m）まで2,000 m以上の開きがあり，その標高差は47都道府県の中では上から15番目になります。雨が十分に降る日本では植物の分布は気温の高低で決まってくるので，標高差のある東京は標高に応じて異なる植物が分布し，面積は小さいながら多様な植生が見られます。

標高別に東京の植生の特徴を見ていくと，まず，東京の最西端に位置する雲取山周辺では，標高およそ1,600 m以上のところに亜寒帯の植生である常緑針葉樹林が見られます（図3.1）。低地では見られない黒みがかった幹のコメツガや灰白色の幹をしたシラビソなど，マツ科の樹木が高木林を構成しています。林床は冬の間，雪に閉ざされますが，夏にはコヨウラクツツジやアズマシャクナゲなどの低木類，マイズルソウやオサバグサ，バイカオウレンなどの草本類の花を楽しむことができます。

標高およそ700 mから1,600 mの標高域には冷温帯の植生が発達します。自然林はブナやミズナラ，カエデ類などからなる落葉広葉樹林で，春には新

緑，秋には紅葉が美しく映えます。この標高域は過去に伐採された後に再生した二次林やスギ・ヒノキの植林に置き換わっているところが大部分ですが，一部には極相林（長い年月を経て遷移の最終段階に達した森林）に類する林が残されています。

　山梨県との県境にある三頭山とその周辺は，そのような極相に近い林がみられる場所の１つです（図3.2 左）。山腹斜面にはブナ，イヌブナ，ミズナラ，カエデ類などの落葉広葉樹が占めますが，尾根部にはツガやモミなどの常緑針葉樹が多く見られるところがあります。また，沢沿いにはシオジやサワグルミ，カツラなど山腹斜面とは異なる樹木からなる森林が見られますが，これはときどき起こる土石流によって攪乱を受けながら成立しているもので，渓畔林とよばれます。

　三頭山のブナは大径木がみられる一方で幼木や実生は非常に少ないです。このことから，ブナは世代交代がうまくいかず，将来はブナ以外の落葉広葉樹がこの森の主要な構成種になるとも考えられます[1]。森はいつ訪れても同じに見えますが，人間の一生より長い時間のスケールで考えてみると少しずつ変化しているのかもしれません。

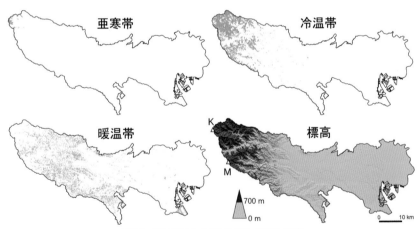

図3.1　東京都（本土部）の植生分布と標高
環境省生物多様性センターによる第6回・第7回植生調査で整備された1/25,000植生図のGISデータを編集して，植生帯別に極相林と二次林を合わせた範囲を図にした。K：雲取山，M：三頭山。標高については国土地理院が公開している基盤地図情報（数値標高モデル）10mメッシュ（標高）を使用した。

標高 700 m より低い標高域は暖温帯の植生が発達する場所です。暖温帯の極相林はシイ類やカシ類からなる常緑広葉樹林ですが，東京ではそのような森林は島嶼部の一部に残されているだけで本土部にはわずかしか存在しません。しかし東京 23 区内には江戸時代以降に造成された森林があり，暖温帯の極相林を思わせる立派な姿を見せています。沖積低地には浜離宮（中央区）や清澄庭園（江東区）にスダジイや海風に強いタブノキからなる林が，台地上には六義園（文京区），新宿御苑（新宿区），明治神宮（渋谷区）などにスダジイやカシ類の大木からなる林が見られます[2]。特に明治神宮には，新宿副都心の間近にいることを忘れさせるような，鬱蒼とした森があります（クローズアップ「神宮の森」）。

　しかし，東京の暖温帯に見られる自然林の大部分は，コナラやクヌギなどの落葉広葉樹からなる二次林です。これらはかつて薪炭林や農用林として利用されていた林を起源とするもので，里山とか武蔵野の雑木林とよばれている森です（クローズアップ「里山」）。

3.2　東京の亜熱帯

　上に述べたように，東京都は面積で 45 位，標高差で 15 位ですが，緯度差で比べれば突出して 1 位になります。伊豆諸島や小笠原諸島がある東京都は南北に長い範囲にわたっており，東京の都心と沖ノ鳥島（北小島：北緯20度25分31秒）の緯度差は 15 度以上，距離にして約 1,700 km にも及びます。都心から

図3.2　三頭山のブナ林（左）と小笠原諸島で見られる木性シダのマルハチ
（右）（左：2018年11月，右：1995年 6 月，いずれも高岡貞夫撮影）

約 1,000 km 南にある小笠原諸島には，本土の東京にはない亜熱帯の植生が成立しています。小笠原諸島に広く分布するマルハチは人の背丈を超える高さになる木性シダですが，亜熱帯の自然を感じさせる植物の1つです（図3.2 右）。

　小笠原諸島の父島や母島は，緯度で見れば沖縄本島とほぼ同じ位置にありますが，気候は沖縄とは異なります[3]。那覇の年降水量の平年値（1981〜2010年）が 2,041 mm であるのに対して父島では 1,293 mm であり，小笠原高気圧に覆われる夏の降水量（6〜9 月）は那覇の半分に過ぎません。小笠原を代表する植生の1つにシマイスノキやムニンヒメツバキを優占種とする乾性低木林がありますが，これはこのような気候を反映したものです[3]。しかし，島の気候や植生は標高によって異なります。山頂標高 463 m の乳房山がある母島では，標高の高いところに雲がかかりやすくなります。ここにはワダンノキや着生植物であるシマオオタニワタリが出現して，雲霧林の性格を帯びた植生が見られます。

　この節で紹介した植物はいずれも固有種です。過去に大陸と陸続きになることがなかった小笠原諸島では，海流や鳥によって運ばれてきた動植物が定着して進化を遂げてきたので，固有種の割合が高いのです。本土とは異なる生物がつくりだす小笠原諸島の亜熱帯の景観は，多くの人がもつ東京のイメージから欠落しがちだと思いますが，これも東京がもつ自慢の自然の1つなのです。

3.3　都市化した東京にすむ鳥たち

　動物は警戒心の強さや生息場所の特徴から，一般に姿を見る機会が限られていますが，鳥類は比較的目にする機会の多い動物です。スズメ，ムクドリ，ヒヨドリ，キジバトなどのように，緑の少ない市街地で生活している鳥もいます。

　東京の鳥類の分布に関して 1970 年代から継続的に行われている調査の結果によると[4]，コゲラ（図3.3 左）やメジロといった小規模な緑地でも繁殖できる鳥が東京の平野部で増加してきました。近年ではヤマガラやキビタキのような森林性がより強い鳥が分布を拡大しています。さらに猛禽類のツミ（図3.3中）も住宅に囲まれた緑地で営巣するようになっています。以前は東京の平野部で観察されることがまれだったこれらの鳥が見られるようになった背景には，東京の緑地環境が改善されてきたことがありそうです。かつて周期的に伐

図3.3 公園の樹木で餌を探すコゲラ（左），住宅地内の緑地で羽を休めるツミ（中），多摩川河川敷の草地でさえずるホオジロ（右）（左：2015年1月，中：2016年5月，右：2018年4月，いずれも高岡貞夫撮影）

採されていた雑木林が成熟した林に発達し，公園内の植栽木や街路樹も大きく成長してきました。東京の森林面積はこの百年間に減少し続けてきましたが，鳥類の生息場所としての森林の質は向上してきたといえるでしょう。

一方，モズやヒバリなど，草原性・疎林性の鳥は減少してきました。宅地化によって畑が減少したり，草原性鳥類の生息地となる麦類や陸稲の畑が野菜類の畑に変わることによって，生息地が失われてきたものと考えられています。河川敷などに多いホオジロ（図3.3右）の分布も縮小してきているようです。

3.4　夜の東京に出没する哺乳類

東京の都心部でアライグマが市街地に現れ，警察署や消防署が捕獲を行ったというニュースをときどき耳にします。夜に活動することの多い哺乳類はふだん目撃する機会が少ないのですが，意外と身近に生息しているのかもしれません（クローズアップ「東京のタヌキ」）。

東京郊外のベッドタウンの1つである羽村市で哺乳類を調べた結果を見てみましょう[5]。多摩川沿いの低地の端に2017年7月から約13か月間だけ設置した自動撮影カメラにはタヌキ，イノシシ，アライグマ，ノウサギ，テン，イタチ，ハクビシン，キツネ，アナグマなどが撮影されました（図3.4）。タヌキはほぼ毎日，イノシシやアライグマも約100回ずつカメラに収まりました。カメラの設置場所は草花丘陵に隣接するので，丘陵地の森林から河原の草原にかけて生

図3.4 夜間に自動撮影カメラで撮影されたイノシシ（左）とアライグマ（右）（左：2017年8月，右：2018年3月，いずれも高岡貞夫撮影）

息する哺乳類が撮影されたものと思われます。昼間は森や藪（やぶ）に身を隠していた動物たちが自在に歩き回る夜の様子は，まるで別世界です。

　自然の多く残る多摩川周辺ではなく，住宅地ではどうでしょう。路上や住宅の敷地内で見つかった斃死体（へいしたい）（事故や病気によって突然死した哺乳類の遺体）についての羽村市の記録を見てみると，タヌキ，ハクビシン，アライグマ，ノウサギ，キツネ，イノシシ，イタチが含まれていました。第二次世界大戦後に急速に開発が進んで住宅地や工業団地が広がった羽村市ですが，人知れず動物たちはしたたかに生活しているようです。

　東京西部の山地に目を向けると，そこにはツキノワグマ，ニホンジカ，ニホンカモシカ，ニホンザルなど，平野部では見られない大型・中型の哺乳類が生息しています。これらの哺乳類は都市化の進行や狩猟などの影響でいったんは東京の最西部に追いやられましたが，1980年代頃から個体数が増加して農林業被害が目立つようになりました。このうちニホンジカは1992年には奥多摩町内に分布が限られていましたが，徐々に東に向かって分布範囲が拡大し，2015年までに檜原村のほぼ全域と，青梅市，あきる野市，八王子市，日の出町の西部にまで拡大してきています[6]。

　増加したニホンジカの自然植生に対する影響も小さくありません。奥多摩地域ではシカの採食によって林床植生が衰退し，ワラビやマルバダケブキなどシカが好まない植物の目立つ林に変化したところがあります。過剰な採食によって裸地が形成され，急な斜面では土壌侵食が起こることが心配されています。

3.5　多摩川の自然

　上・中流部で東京都を縦断するように流れ，下流部では神奈川県との境を流れる多摩川には河川敷に緑地が残されており，都市化の進んだ東京の住民に対して散策や釣り，スポーツなどのレクリエーションのための空間を提供しています。

　多摩川の水質は高度経済成長期に悪化し，河口から約13kmにある調布取水堰におけるBOD（生物化学的酸素要求量）の値が一時は魚類の生息限界とされる10mg/Lを超えることもありましたが，排水規制や下水道整備が進んだことによって水質は徐々に改善され，2000年代以降のBODは2mg/L前後で推移しています[7]。1960年代後半から1970年代にかけて姿を消したアユの遡上（そじょう）も復活しました。

　しかし，多摩川に起きている変化は水の中だけではありません。秋の河原に花畑をつくりだすカワラノギク（図3.5左）は，かつて多摩川では中流部を中心に普通に見られた植物でしたが，だんだんと生育地が減少して絶滅が心配されるようになりました。現在，多摩川で一定面積以上の群生地があるのは福生市や羽村市，あきる野市などの一部の河原に限られます。なぜこのようなことが起きたのでしょう。

　河原は礫や砂に覆われて保水性が低いうえに，日射によって高温・乾燥の厳しい環境となるために，水辺でありながら植物にとっては砂漠のように生活しにくい場所です。また洪水が起きるたびに冠水し，植物の生育場所としては非常に不安定です。河原にはカワラノギクの他にも，カワラニガナ，カワラサイ

図3.5　開花したカワラノギク（左）と河原で子育てするイカルチドリ（右）（左：2015年10月，右：2016年5月，いずれも高岡貞夫撮影）

コ，カワラヨモギ，カワラケツメイといった，「カワラ」のつく名前の植物が見られますが，これらは洪水によってつくられる礫河原（れきがわら）（植生がほとんど発達しない，礫に覆われた河原）の厳しい環境に適応して生活している河原特有の植物です[8]。多摩川ではダムなどによる洪水調節や昭和時代に河原で行われた砂利採取などによって河道の固定や複断面化が起こり，高水敷（河川敷の中の高い地形面）は洪水の影響を受けにくくなってしまいました。これによって河原での植生遷移が進み，河原が草原化・樹林化してきました。背の低い「カワラ」植物はオギやススキなどの背の高い草本との競争に負けてしまいます。外来植物であるハリエンジュが林をつくるようになったことや，河川敷の一部が運動場に変えられたことも「カワラ」植物の生育地を減少させています。

　このような河原の植生の変化は，動物にも影響を与えていることが指摘されています。植生の違い，すなわち草丈の違いや植物の生育密度の違いによって，そこに生息するバッタ目の種類は異なりますが，礫河原に生息するカワラバッタは生息場所を失いつつあり，東京都のレッドリスト[9]に掲載されるほどに減少しました。同じことは砂礫地（されき）に営巣する鳥類にも起きていて，コアジサシやチドリ類（図3.5右）が東京都のレッドリストに掲載されています。また，かつて河原に普通に存在したヨシ原が減少したので，そこで繁殖するオオヨシキリやセッカの減少も心配されています。

　洪水は植生を破壊したり地形を変えたりするので，河原で生活する動植物にとっては一大事かもしれませんが，礫河原も含めてさまざまな遷移段階の植生がつくられることで多様な生息・生育場所が提供されるのですから，長い目でみれば多摩川の生物の豊かさにとって洪水による攪乱は欠かせないものだといえるでしょう。

3.6　変化する生物相

　前節で述べたような，絶滅や減少が心配される生物がいる一方で，近年になって増加や分布拡大が報告されている生物もいます。先にふれたアライグマは，元々日本にいたものではありません。1970年代の後半以降にペットとして人気が高まり北アメリカから輸入されましたが，逸出や放逐によって国内に広がり，今では全国で野生化しています[10]。表情やしぐさはかわいらしいですが，生態系や農業などに被害を及ぼすものとして，外来生物法により特定外来

生物に指定されています。

鳥類で日本に人為的に移入されたもののうち東京での生息が確認されている鳥は 20 種以上に及びますが, 移入・定着の歴史の古いドバトと狩猟鳥として組織的に移入されたコジュケイを除くと, 外来鳥類のほとんどは 1960 年代以降にペットとして輸入された飼い鳥が逸出したものです。このうち特定外来生物に指定されているガビチョウ (図3.6 左) は 1990 年代から東京都の山地, 丘陵地にも生息するようになり, 都内での分布を拡大させています[10]。ガビチョウは低木やササが密生する場所を繁殖および採餌の場としており, 東京の郊外では春から夏にかけて声量豊かなガビチョウの囀りをしばしば耳にするようになりました。

外国からではなく, 国内のほかの地域からの分布拡大によって東京に姿を現すようになった生物もあります。チョウの仲間では, ナガサキアゲハやツマグロヒョウモン (図3.6 右) といった南方系のチョウが 2000 年代頃から東京で見られるようになりました[11]。現在, 東京ではナガサキアゲハもツマグロヒョウモンも決して珍しいチョウではなくなりました。これらのチョウの分布拡大は日本列島を北上しているように見えるため, 気候の温暖化が原因ではないかともいわれていますが, 分布拡大にはさまざまな要因が関係していると考えられます。ツマグロヒョウモンについては, 食草となるパンジーなどの園芸品種の国内輸送によって卵や若齢幼虫が人為的に移動された可能性も指摘されています。

一方, 同じ南方系のチョウでも, 1990 年代半ばに南関東に現れ, 2000 年代

図3.6 藪でさえずるガビチョウ(左)とツマグロヒョウモンの雌(右) (左：2018年 7 月, 右：2017年10月, いずれも高岡貞夫撮影)

後半以降に東京でも見られるようになったアカボシゴマダラは，中国産のものが大量に放蝶された「放蝶ゲリラ」の結果と考えられています[10]。いまでは関東全域にすっかり定着し，特定外来生物に指定されています。　　　　（高岡貞夫）

参考文献

1 ）島野光司・沖津　進（1993）：「東京郊外奥多摩，三頭山に分布するブナ・イヌブナ林の更新」．『日本生態学会誌』，43，pp.13-19
2 ）福嶋　司（2017）：『カラー版　東京の森を歩く』，講談社
3 ）東京都立大学小笠原プロジェクト 2003（2004）：『小笠原の人文と自然―人と自然の共生をめざして―』，東京都立大学
4 ）植田睦之・佐藤　望（2018）：東京の鳥の 1970 年代からの変化［http://db3.bird-research.jp/news/201801-no1/］（閲覧日：2019 年 2 月 28 日）
5 ）羽村市史編さん委員会　編（2019）：『羽村市史　資料編　自然』，羽村市
6 ）東京都（2017）：第 5 期東京都第二種シカ管理計画［http://www.metro.tokyo.jp/tosei/hodohappyo/press/2017/03/30/documents/25_02.pdf］（閲覧日：2019 年 2 月 28 日），東京都
7 ）加藤憲司（2003）：「多摩川水系および東京都内河川における自然環境と魚類生息状況の変遷」．『海洋と生物』，25，pp.423-430
8 ）吉川正人（2017）：「河原の草本群落」．『図説　日本の植生』（第 2 版）（福嶋　司 編），朝倉書店，pp.152-153
9 ）東京都環境局自然環境部　編（2010）：『東京都の保護上重要な野生生物種（本土部）―東京都レッドリスト―2010 年版』，東京都環境局
10）国立環境研究所：侵入生物データベース［https://www.nies.go.jp/biodiversity/invasive/index.html］（閲覧日：2019 年 2 月 28 日）
11）井上大成・石井　実　編（2016）：『チョウの分布拡大』，北隆館

神宮の森

●**都心に浮かぶ荘厳な緑の島**　JR 山手線原宿駅の西側で荘厳に生い茂っている明治神宮の森は，明治天皇を祀るために大正時代に造成された信仰の森です。文化的にも東京を代表する場所の1つですが，同時に，アクセスよく東京の自然に触れるためにも，今日ではとても貴重な存在となっています（図1）。空中写真で見ても，都心にもかかわらずまとまった面積をもつよく茂った森として，神宮の森は特異な存在感を放っています。近年では森の発達はますます進み，近くの高層ビルからも，森林の最上層が閉じた様子を観察することができます（図2）。

●**神宮の森の造成過程**　神宮の森の造成は，1915年（大正4年）から1921年（大正10年）頃にかけて行われました。明治後期の地形図や当時の写真資料を見ると，今日，神宮の森となっている地域が，当時はおもにマツの多い雑木林や荒れ地（草原）などによって覆われていたことがわかります。神宮の森は，この土地に，大気汚染に強く末永く荘厳なたたずまいを見せてくれる森を造るべく，林学者の本多静六らによって綿密に計画されて造成されました[1]。

神宮の森の将来の主木とすべく選ばれたのが，シイ，カシ，クスといった常緑広葉の高木種でした。これらの常緑広葉樹は照葉樹ともよばれ，冬にも光沢のある濃緑色の厚い葉を茂らせる広葉樹です。照葉樹は，一般に大気汚染に強く，生育可能な地域では時間が経つにつれて安定した森林を形成してくれます。造成時には，各地からの献木などによって，このような照葉樹の個体が数多く植栽されました。

しかし，照葉樹林の北限に近い東京付近では，照葉樹が生育する速度はあまり大きくありません。はじめから照葉樹ばかりを植えてしまうと，しばらくの間は暖地の雑木林のように細い木々ばかりの景観が続くため，神宮の森としてふさわしいとはいえません。そこで，当時から生育していたマツの高木が残され，その下にヒノキやスギなどの常緑針葉樹がまばらに植えられ，将来，主木となることが期待される照葉樹は，さらにその下の階層を中心に植えられました。下層から徐々に成長していく照葉樹に比べて競争力の劣る針葉樹は消失していき，最終的には照葉樹を主体とした立派な森となることが期待されたのです。今日，荘厳なたたずまいを見せる神宮の森は，100年近い年月を経て，このような造林計画が見事に結実したものといえます。

●**神宮の森の自然地理**　今日の神宮の森では，自然に近い状態にまで発達した照葉樹林を見ることができるようになっています[2]。照葉樹林は，関東平野や東北地方の海岸域を北限地域とし，日本では九州などの西日本を中心に広がっている森林です[3]。その北限に近い関東平野では，かつて人々が炭や薪などを得るために頻繁に森を伐採していた頃は，冬も緑の照葉樹ではなく，秋には紅葉するコナラなどの落葉広葉樹やアカマツなどの多

い雑木林（二次林）が広く分布していました。このような雑木林の多くは，1960年頃の燃料革命の後は放置されましたが，まだまだ発達途上の森です。それに比べて神宮の森は，今日では100年近くの時を経ていますので，自然の照葉樹林に近い様相を呈するに至っています。

　以上のような森林の様子は，社殿や参道の付近で見られる神宮の森本体の特徴です。一方で神宮の森の南西部には，「御苑（ぎょえん）」とよばれる別世界の森も広がっています（図3）。この森は照葉樹林ではなく，秋にはコナラ，イヌシデ，イロハモミジなどの紅葉が見られる落葉広葉樹林です。上述のようなかつての雑木林の主要な樹種を残した形で維持されてきた森であると考えられています。なお，御苑では浅い谷が台地を刻む地形も観察することができますが，これは，淀橋台（よどばしだい）とよばれる台地（武蔵野台地の一部）のかつての姿を今日でも見せてくれる，とても貴重な地形です。　　　（磯谷達宏）

図1　冬も緑の照葉樹が茂る社殿付近の様子（2019年2月，磯谷達宏撮影）

図2　都庁ビルから見た神宮の森（2019年4月，磯谷達宏撮影）

参考文献
1）明治神宮境内総合調査委員会 編（1980）：『明治神宮境内総合調査報告書』，明治神宮社務所
2）奥富　清・松崎嘉明・池田英彦（2013）：「明治神宮の森林植生」，『鎮座百年記念第二次明治神宮境内総合調査報告書』（鎮座百年記念第二次明治神宮境内総合調査委員会 編），pp.29-68，明治神宮社務所
3）福嶋　司 編著（2017）：『図説 日本の植生 第2版』，朝倉書店

図3　淀橋台の地形上に落葉広葉樹林などが生育する御苑の様子（2019年2月，磯谷達宏撮影）

里山

●**里山という自然**　集落の近くに生活と結びついて成立してきた自然は里山とよばれています。伐採や火入れの跡地で再生途中にある二次林や二次草原のみを指して里山ということもありますが，それらと一緒にある田や畑，ため池や用水路，社寺林や屋敷林などを含めた地域全体を里山（あるいは里地）とよぶこともあります。図1は町田市小野路町にある里山の風景です。農地に隣接して森林がありますが，紅葉・落葉の具合から様々な樹種が混交する様子がわかります。長期にわたって人為的攪乱を受けてきたにもかかわらず，そこでの生物多様性が注目されるのは，適度な攪乱がはたらくことや異なる自然要素がモザイクをなすことが，動植物の生息・生育場所の多様性を高めているからだと考えられています。

●**雑木林の生い立ち**　多摩地区の里山の二次林はクヌギ，コナラ，シデ類などの落葉広葉樹が主な構成種であり，雑木林ともよばれます。現在は主に山地や丘陵地に見られますが，1970年頃までは台地上にも平地林として存在していました。台地上は宅地化が進んだため，現在は平地林がわずかしか残っていません。

　かつて雑木林は薪炭林や農用林として利用され，家庭で使う燃料や田畑で用いる有機肥料を提供する場となっていました。すなわち，10年から20年のサイクルで定期的に伐採されたり，林内で下草

刈りや落ち葉かきが行われたりしていました。

　雑木林をつくる樹木は，伐採された後に萌芽によって再生します。これを萌芽更新とよびます。繰り返し伐採しながら林の利用を続けることができたのは，この性質があるためです。萌芽とは，春に開出しないまま長年休眠していた芽が，伐採などを契機に開出して枝を伸ばしたものです。雑木林を歩くと，根元から幹が分かれて株立ちする，独特の樹形のものが多いことに気づきます（図2）。これは萌芽更新が行われていた証です。

　1960年頃から雑木林が利用されなくなりました。図3に示したように，薪や木炭に代わって石炭が全国的に使われるようになり，さらに灯油，電気，ガスが家庭での主要な燃料に変わっていきました。東京都でも1956年度に13,389 tだった木炭生産量は減少を続け，現在では100 t未満です[1]。有機肥料も化学肥料に代わったため，下草刈りや落ち葉掻きも行われなくなりました。

●**里山の変化**　利用されなくなった雑木林では，様々な変化が生じています。多摩地区の丘陵地で現在見られる雑木林は，高さが20 m前後のものが多いです。しかし陸軍の偵察録を見ると，明治前期の関東地方の里山における林の高さは，ナラ・クヌギ林で4 m程度までのものが多かったようです[2]。また，1969年から1985年にかけて東京周辺のクヌギ-コナラ林で行われた植生調査の結果[3,4]を見ると，高さが10 mに満たない林がかなり多く存在し，5 m未満のものもあっ

たことがわかります。定期的伐採が停止してから50年以上が経過した現在の雑木林は，かつてのものと違って成熟した立派な林になりつつあります。

　雑木林の変化は高さだけではありません。シラカシ，アラカシ，ヒサカキ，アオキといった常緑広葉樹が低木層に増加したり，アズマネザサが林床に密生したりしています。外来鳥類のガビチョウ（3章，図3.6）は藪で生活する鳥ですが，江戸時代から輸入の記録があって[5]逸出や放鳥も古くから起きていたと考えられるのにもかかわらず，近年になって急速に増加したのは，里山で藪化が進行したことが関係しているのかもしれません。

　全国的に竹林が拡大していることも里山の変化の1つです。図1に示した雑木林の左部分にも，広葉樹林に侵入・拡大したモウソウチク林が写っています。竹林の拡大は著しく，里山の景観を変えてしまう恐れがあります。　　（高岡貞夫）

参考文献

1 ）林野庁 編（1958）：『林業統計要覧』，林野弘済会
2 ）小椋純一（2005）：「人間活動と植生景観」．『景観生態学』，9，pp.3-11
3 ）宮脇　昭編（1975）：『多摩ニュータウン西部地区環境保全生態調査報告』，横浜国立大学．
4 ）宮脇　昭編（1986）：『日本植生誌 7 関東』，至文堂
5 ）国立環境研究所：侵入生物データベース［https://www.nies.go.jp/biodiversity/invasive/index.html］（閲覧日：2019 年2 月28 日）

図1　町田市小野路町の里山（2018年12月，高岡貞夫撮影）
白線で囲んだところはモウソウチク林。

図2　株立ちするコナラ（2018年12月，高岡貞夫撮影）

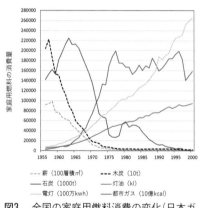

図3　全国の家庭用燃料消費の変化（日本ガス協会「ガス事業便覧」により作成）
薪と木炭は生産量，石炭，灯油，都市ガスは販売量，電灯は使用電力量。1997年までは年次単位，1998年以降は年度単位の数量。

東京のタヌキ

●**東京にタヌキ?** 練馬区の道路わきに「動物注意」の道路標識があります(図1)。絵柄はタヌキに見えますが,果たしてこのあたりにタヌキが出没するのでしょうか。道路標識ですから,タヌキだけを想定したものではなく,アライグマやハクビシンなどの中型哺乳類全般について注意を促しているのでしょうが,いずれにしても野生哺乳類が生息していて道路に飛び出すことがときどきあるということなのでしょう。近くには大きな公園や小規模ながら畑もありますので,哺乳類が生息できる環境がありそうです。

このように,東京が都市化の進行とともに動物の全く棲めない場所になってしまったのかというと,決してそうではありません。一時期見られなくなった動物の生息が再び確認されるようになっており,タヌキもそのような例の1つです。

第二次世界大戦後に,東京の土地利用は大きく変化しました[1]。1930年代の初めには江戸の旧市街地に相当する地域を除けば,東京の全域にわたって緑地(樹林地,草地,農地,公園など)が広がっていましたが,1960年代半ばには区部の大部分で緑地が失われました。1920年代に東京の区部にも生息していたタヌキ,キツネ,イタチの分布域は次第に西へ後退していき,1970年代には八王子市の山地部より西の地域にしか見られなくなったといいます。しかし,1990年代頃からタヌキが東京郊外の緑地や住宅地で観察されるようになり,2000年代以降には皇居,赤坂御用地,自然教育園,新宿御苑など,区部の緑地でも頻繁に観察されるようになりました。都市動物研究会の調査[2]によると,2001年から2007年6月までの期間に,東京23区のうち中央区と墨田区を除く21区でタヌキの目撃情報がありました。

区部のタヌキがどこか別の地域からやってきたものなのか,あるいは都市化が進む中でも生き残ってきたものなのかは,遺伝情報を用いた研究が進む中で今後明らかになっていくことでしょう[3]。

●**タヌキの都会生活** 筆者は東京に隣接する川崎市多摩区にある専修大学に勤めていますが,朝早い時間や夕方以降の時間には,キャンパス内や周囲の住宅地でタヌキを見かけることがときどきあります(図2)。しかし,明るい時間帯にタヌキを見かけることはほとんどありません。東京のタヌキの生活は夜間が中心のようです。

一般にタヌキは雑食性といわれていますが,タヌキは夜の住宅地で何を食べて生活しているのでしょうか。小平市の住宅地に囲まれた津田塾大学構内の緑地で,タヌキの糞の中の未消化物を調べた結果[4]によると,春は動物質のもの,夏は昆虫と緑葉,秋は果実と種子といった具合に,季節によって食べ物が少しずつ変化していました。動物質のものには甲虫,巻貝,鳥類の羽毛,哺乳類の毛などが含まれ,地表付近に生活する動物やその死骸を食べているようです。また,植物質のものには,ムクノキ,カキノキ,

エノキ，イチョウ，ジャノヒゲなどの種子があり，主に緑地内で手に入るものを口にしています。ゴム片，プラスチック片，アルミホイル，発泡スチロール片など人工物も含まれていましたが，それらは多くはありませんでした。

　さらに，住宅地で見つかったタヌキ死体の胃の内容物の分析からは，都会に住むタヌキの食生活の実態がもう少し見えてきます。川崎市の住宅地での調査[5]によると，ご飯粒，麺類，野菜類，玉子焼きなど人間の食物の残りが含まれるほか，個体によってはドッグフードばかり，うどんやソーセージばかりといった例もありました。つまり，タヌキの食事は緑地内だけでなく，緑地周囲の住宅地のごみ置き場や，餌やりをしている人家でも行われているらしいのです。

●**タヌキの受難**　ところで，上に紹介した，胃の内容物が調査されたタヌキの死体の多くは，路上で車に轢かれて死亡したものです。この動物の交通事故はロードキルとよばれますが，都市における野生動物との共存について考えさせられます。都会のタヌキには都会流の食生活がありますが，それは命がけのものになります。図1の「動物注意」の道路標識は，タヌキたちには「くるま注意」と読みかえてみてほしいですが，私たちも道路のつくりや車の運転方法を見直すことが必要でしょう。　　　　（高岡貞夫）

参考文献

1）高岡貞夫（2013）:「過去百年間における都市化にともなう東京の生物相の変化」.『地学雑誌』, 122, pp.1020-1038
2）宮本拓海・しおやてるこ・NPO法人都市動物研究会（2008）:〈知りたい！サイエンス 35〉『タヌキたちのびっくり東京生活―都市と野生動物の新しい共存』, 技術評論社
3）増田隆一（2017）:「皇居のタヌキ」.『哺乳類の生物地理学』, 東京大学出版会, pp.126-133
4）高槻成紀（2017）:「東京西部にある津田塾大学小平キャンパスにすむタヌキの食性」.『人と自然』, 28, pp.1-9
5）山本祐治・木下あけみ（1994）:「川崎市におけるホンドタヌキの食物構成」.『川崎市青少年科学館紀要』, 5, pp.29-34

図1　練馬区に設置されている動物注意の道路標識（2019年2月，高岡貞夫撮影）

図2　朝の早い時間に住宅地に現れたタヌキ（2018年12月，高岡貞夫撮影）

第4章

東京の水と海

「おがさわら丸」から見た東京湾の入口。右手に見えるのは房総半島の洲崎。(2018年2月, 松山洋撮影)

徳川家康の江戸入城以降, 東京では水の確保が重要な課題であり, 今日では東京で使う水の約80％は, 利根川・荒川水系の水に頼っています。また, 東京は日本全体の海 (管轄海域) の面積の45％を占めています。日本の海域にある貴重な鉱物・水産資源を考えると, 東京の島嶼部の重要性が理解できるでしょう。

4.1 東京の水

東京の川 東京都を流れる河川には, 多摩川水系, 荒川水系, 利根川水系, 鶴見川水系の一級河川計 92 河川, 二級河川 15 河川の計 107 河川があります (図4.1)。これらの総延長は 858 km にも及び, このうち, 国土交通省が管理する河川を除く 105 河川, 約 711 km を東京都が管理しています[1]。

多摩川は, 山梨県の笠取山を源流とし, 奥多摩湖を経て, 秋川, 浅川など多くの支流が合流しながら流れて, 大田区羽田で東京湾に注ぎます。荒川は, 埼玉県, 山梨県, 長野県の県境にある甲武信ヶ岳を源流とし, 秩父盆地, 長瀞渓谷を流れて関東平野に出て南下し, 江東区と江戸川区の区境で東京湾に注ぎます。北区で隅田川を分流します。利根川水系の河川には江戸川があります。昔の利根川は東京湾に注いでいましたが, 江戸時代に千葉県銚子市を河口とする現在の流路に付け替えられました (利根川東遷事業, 序章図4)。江戸川は, 茨城県五霞町と千葉県野田市の境界付近で利根川と分かれて南下し, 千葉県市川市付近で江戸川と旧江戸川に分かれます。鶴見川は, 東京都町田市を源流とし, 横浜市鶴見区で東京湾に注ぎます。これらは, いずれも一級河川です。

このように東京にはたくさんの川が流れていますが, 水不足とは無縁という

わけにはいきませんでした。第1章で述べたように，東京の西部は火山灰層
（関東ローム層）が厚く堆積した武蔵野台地であるため降水が速やかに地下に
浸透し，水を得にくかったのです。さらに台地であるため，江戸時代までは，
低地を流れる河川水を利用しにくい環境にありました。また，下町は低地であ

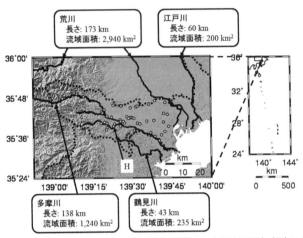

図4.1 東京を流れる主な河川（太実線）と「東京の名湧水57選」（○）の分布
点線は都県境を示し，標高の陰影図を背景とした。Hは日野市中央図書館
下湧水群（図4.4）を表す。

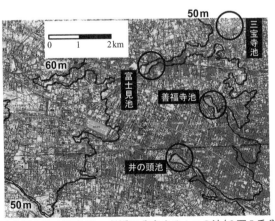

図4.2 武蔵野台地の標高50 m付近に分布する4つの池（2万5千分1地形
図「吉祥寺」の一部を改変）
標高50 mと60 mの等高線を太線で記す。

るため，井戸を掘ると塩分濃度の高い水が出てくるなど，地下水の水質がよくありませんでした。そのため東京では，昔から水の確保に苦労してきました。

標高50mの池から始まる小河川　2万5千分1地形図「吉祥寺」（図4.2）で，標高50mの等高線をなぞると面白いことがわかります。この図では，南から井の頭池，善福寺池，富士見池が標高50mのところに位置しています。さらに北上すると，標高47.5mのところに三宝寺池があります。これら4つの池がほぼ同じ標高のところにあるのは偶然ではなく，いずれも，かつては武蔵野台地の湧水を水源としていたのです。

　武蔵野台地は厚い火山灰層に覆われています。これらの火山灰は富士山や箱根火山といった東京の西方にある火山を起源としています。そのため，火山灰層は武蔵野台地の西部で厚く，東部で薄くなっています。東京の湧水には，谷頭タイプと崖線タイプがあり（図4.3），前者は台地面上の馬蹄型や凹地形などから湧出するタイプ，後者は台地の崖の前面から湧出するタイプです。上述した4つの池は，いずれも谷頭タイプの湧水を起源としていました（ただし，人為的影響もあって，現在は自然に湧出しているのではないようです）。つまり，火山灰層の厚さと地下水面との位置関係で湧出点は決まりますが，谷頭タイプの湧水が湧出する武蔵野台地の東部ではそれが標高約50mということになるのです。

東京の湧水　もう一度 図4.2を見てみましょう。図の左下の部分に，標高50mと60mの等高線が詰まっている部分があることがわかります。これは，標高が不連続に変化していること，つまりここに崖があることを示しています。この崖は国分寺崖線とよばれています。

　一般に崖下では，崖線タイプの湧水（図4.3b）が見られる場合が多いです。

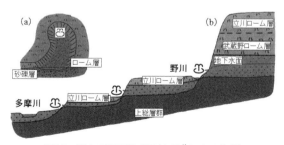

図4.3　湧水の湧出模式図（文献[2]により作成）
（a)谷頭タイプ，(b)崖線タイプ

国分寺崖線も例外ではありません。なぜかというと，それは以下のように説明できます。武蔵野台地では，最終氷期に多摩川がつくった扇状地（砂礫層）の上に火山灰層が厚く堆積しています。火山灰層は水を通しやすいので，降水は地下に浸透して砂礫層の中を動きます（図4.3b）。一般に，扇状地では洪水が起こるたびに河川が流路を変えるので，河川が扇状地上の堆積物を削って段丘（平坦面と急崖が階段状になった地形）ができます。段丘崖では砂礫層が地表に現われるため湧水が見られるのです。このように，国分寺崖線は，かつての多摩川が現在よりも北東部を流れていたときに形成されました。

　現在，環境保全の観点から湧水は注目されています。2013年現在，島嶼部を含む東京都には全部で616の湧水があります[2]。このうち，東京都は湧水の保護と回復を目指して2003年に，「東京の名湧水57選」を選定しました（図4.1）。選定に際しては，水量，水質，湧水にまつわる由来，周辺の景観などが考慮されています。図4.4はそのうちの1つ，日野市中央図書館下湧水群です（場所は図4.1のH）。湧水は，地下に浸透した降水が湧出するものですから保全が重要です。崖上に位置する自治体では，透水性舗装や雨水浸透枡を設置して，積極的に降水を地下に浸透させているところもあります。

東京の水資源　　もう一度図4.1を見てみましょう。図の左下，神奈川県と山梨県の県境のように，一般に，県境は分水嶺や大河川になることが多いのですが，奥多摩湖の西，東京都と山梨県の県境はそのどちらでもなく，妙なとこ

図4.4　「東京の名湧水57選」の1つ・日野市中央図書館下湧水群
（2008年2月，松山洋撮影）

ろを通っています。これは明治時代に，多摩川の水資源を求めて東京都が近隣自治体との合併を繰り返し，西へ西へと拡大してきたことを反映しています[3]。

奥多摩湖（小河内ダム）は1957（昭和32）年に完成し，当時は，「これで東京の水資源は安泰だ」と思われたそうです。しかしながら，1964（昭和39）年8月（最初の東京オリンピックの年）には大渇水で，小河内ダムの水位が100mも低下しました。その後も高度経済成長に伴う東京の人口増加は著しく，現在でもなお，東京では水の確保との闘いが続いています。ちなみに今日，多摩川水系の水は東京で使う水の約20%を占めているにすぎず，残りの約80%は利根川・荒川水系の水に頼っているのが現状です。

ところで，地表水が重要なのはいうまでもありませんが，その一方で，人間が使える淡水の大部分は地下水です。東京の低地の地下水も塩分濃度が高いとはいえ，飲料水ではなく工業や農業などに使うには，その水質は十分なものです。深い井戸を掘れば出てきて安価に使える地下水は便利なもので，様々な用途で利用されてきました。しかしながら，軟弱な沖積層が広がる東京の低地では，20世紀に入った頃から地盤沈下が始まりました[4]。地盤沈下は，地下水の過剰な採取により地下水位が低下し，主として粘土層が収縮するために生じます。その結果，建物の基礎の部分が地上に抜け出てしまい，建物に入るために階段を継ぎ足さなければならないといった，ビルの抜け上がり現象が生じます。

工業揚水法の改正やビル揚水法の制定，条例による揚水規制などによって，東京の低地の地盤沈下は1970年代以降鎮静化しました。しかしながら，その後，地下水位が回復したために地下の構造物（東京駅や上野駅の地下ホームなど）が浮いてしまうという現象が生じるようになりました。これについては，重しをつけて地下構造物の浮上を防ぐとともに，戻ってきた地下水を利用して渇水時の水源にしたり，工場を誘致したりするといった動きもあるようです。

4.2　東京の海

海洋大国東京　日本は周囲を海に囲まれています（図4.5）。海には様々な島が存在していて，最北端は択捉島，最西端は与那国島，最南端は沖ノ鳥島，最東端は南鳥島で，後2者はいずれも東京都小笠原村にあります。

いくつかの文献[5)~8)]を参考にして，ここで図4.5に出てくる専門用語を解説しましょう。領海とは沿岸国（ここでは日本）の主権が及ぶ水域のことで，基線（潮位が低いときの海岸線）から12海里（1海里＝1.852 km，約22 km）の範囲です。接続水域とは領海の基線からその外側24海里（約44 km）までの海域（領海を除く）のことで，他国の船舶が沿岸国の法令に違反するのを防いだり処罰を行ったりできる水域です。排他的経済水域とは，領海の基線から200海里までの海域（領海を除く）およびその海底と地下のことをいいます。ここでは他国を排して独占的に経済的な権益（海底資源の開発，海水の調査利用，漁業管轄権など）が認められます。延長大陸棚とは，領海の基線から200海里（約370 km）を超えて主権的権利を主張することができる領域です。ただし，地形・地質的に陸とつながっていると認められなければいけません。なお，領海と排他的経済水域を合わせた水域を管轄海域といいます。

日本の管轄海域の面積は447万km^{2}であり，これは世界で6番目の広さです（海の体積だと世界第4位[8)]）。このうち，東京都は日本全体の管轄海域の面積の45%を占めています。小笠原村だけで日本全体の管轄海域の面積の31%を占めていますから，実は東京都だけで海洋大国とよべるほどの海域があるのです。

海底に眠る地下資源　東京都の管轄海域には，海底熱水鉱床があることが

図4.5　日本の領海等概念図（文献[5)]より）

知られています。海底熱水鉱床とは，亜鉛，銀，銅などの貴金属を含む海底鉱山のことで，伊豆・小笠原海域の明神海丘やベヨネーズ海丘において，広範囲の鉱床が存在する兆候が確認されています[8]。2017年に，日本は世界に先駆けて，海底熱水鉱床から鉱物資源を取り出す実験に成功しています。

　南鳥島を起点とする排他的経済水域には，鉄，マンガン，コバルト，さらに白金などが存在する可能性が高いとされています[9]。また，この海域ではレアアースの存在が知られています。レアアースとは，31鉱種あるレアメタルの一種で，17種類の元素（希土類）の総称を指し，この海域には日本人（1億5,000万人）が使うレアアースの200年分以上が埋蔵されています。レアアースに関しては，実は日本（東京都）は未来の資源大国といえるかもしれません。

　その一方で，伊豆・小笠原海溝の海域が「海洋保護区」に指定される見通しもあるようです[10]。海洋保護区とは，生物多様性と生態系を保護するために国が指定する海域のことで，これに指定されると海域の埋め立てや漁業活動などが制限されます。海洋保護区に指定することで，深海の希少生物を研究・活用しようというものですが，鉱物資源の開発とのバランスが指摘されています。

黒潮と水産業　　東京都心から小笠原諸島父島に向かう「おがさわら丸」に乗船すると，途中で黒潮を横切るため揺れます。筆者は「おがさわら丸」で船酔いしたことはありませんが，船酔いしやすい人はとても苦しそうです。

　黒潮は，日本列島の南岸に沿って流れて房総半島沖で東に離れる，世界最大規模の海流の1つ（暖流）です。黒潮の幅は日本近海では約100 kmあり，流量は2,000万～5,000万 m^3/sと推定されています。ちなみに，世界の川の中で最大の流量を誇るアマゾン川でも約20万 m^3/sですから，黒潮の流量は桁違いです。そして，黒潮の流路には非蛇行流路（四国，本州南岸にほぼ沿って流れるもの）と，大蛇行流路（紀伊半島，遠州灘沖で南に大きく蛇行して流れるもの）があり，後者（黒潮大蛇行）が発生すると下層から冷たい水が発生するため，漁場の位置や水産業にも影響を与えます。

　世界には約28,000種の魚種が存在するとされ，そのうち3,800種ほどが日本沿岸部に生息しています[8]。日本の食料自給率はカロリーベースで約40%ですが，魚の自給率だけだと約60%になります[11]。水産業は，東京都の島嶼部（伊豆大島，八丈島，小笠原など）では主要な産業の1つになっています。鮮魚だけでなく，くさやなどの特産物もあります。また，冷凍・冷蔵輸送の技

術との関係で，船舶で捕獲した魚のすべてが市場に出回るわけではなく，大部分は洋上で投棄されています。捕獲される魚の中には高値で取引されるものもありますから，輸送コストや鮮度保持技術が向上することによって，これらの問題が解決されることが期待されます。

　なお，黒潮の流路は東京の気候にも影響を与えているようです。詳しくは第2章のクローズアップ「東京の雪」を参照願います。

（松山　洋）

参考文献

1）東京都建設局：河川の管理と活用［http://www.kensetsu.metro.tokyo.jp/kasen/gaiyo/02.html］（閲覧日：2018年12月27日）

2）東京都環境局（2018）：「湧水マップ－東京の湧水－」，東京都環境局

3）泉　桂子（2005）：『近代水源林の誕生とその軌跡－森林と都市の環境史－』，東京大学出版会

4）環境省 編（2018）：『平成30年版　環境白書・循環型社会白書・生物多様性白書』［http://www.env.go.jp/policy/hakusyo/h30/pdf.html］（閲覧日：2018年12月27日）

5）海上保安庁海洋情報部：日本の領海等概念図［https://www1.kaiho.mlit.go.jp/JODC/ryokai/ryokai_setsuzoku.html］（閲覧日：2018年12月27日）

6）海上保安庁海洋情報部：領海等に関する用語［http://www1.kaiho.mlit.go.jp/JODC/ryokai/zyoho/msk_idx.html］（閲覧日：2018年12月27日）

7）外務省（2018）：延長大陸棚と日本の取り組み［https://www.mofa.go.jp/mofaj/press/pr/wakaru/topics/vol172/index.html］（閲覧日：2018年12月27日）

8）山田吉彦（2010）：『日本は世界4位の海洋大国』，講談社

9）経済産業省：レアアース 希土類［http://www.meti.go.jp/policy/nonferrous_metal/rareearth/rareearth.html］（閲覧日：2018年12月27日）

10）読売新聞東京本社（2019）：「豊かな深海　保護区に」（2019年1月18日・夕刊）

11）水産庁：我が国の食用魚介類自給率［http://www.jfa.maff.go.jp/j/kikaku/wpaper/h23_h/trend/1/t1_2_1_4.html］（閲覧日：2018年12月27日）

船と隅田川

●**東京における水上バスの歴史と航路の変遷** 東京において初めて水上バスの定期航路が浅草～両国間に開かれたのが明治時代の 1885（明治 18）年でした[1]。やがて航路は永代橋まで延長され，当時の運賃が 1 銭だったことから「一銭蒸気」の愛称で親しまれました。当時は隅田川の橋が少なく，陸上の交通手段も未発達であったため，隅田川の東岸と西岸を結ぶジグザグの航路が設定されていました。戦中戦後の混乱期を経て，東京の水上バスは 1950 年に復活しましたが，高度経済成長期の隅田川沿川の景観は，垂直にそそり立つコンクリートの堤防や高速道路の建設により一変してしまいました。さらに，隅田川の水質汚染によって乗客数は減少し，1960 年代の水上バス事業は低迷しました。

　しかし，1970 年代半ば以降，隅田川の水質の改善が見られるようになった結果，水上バスの乗客数も徐々に回復していきました[1]。このような状況から，公共事業者や民間事業者による新たな水上バス事業の参入が見られるようになりました。1997 年においては，東京都観光汽船，江東区水上バス，東京水辺ライン，埼玉県荒川水上バス，および東京シップサービスの 5 つの事業者によって水上バスが運航されていました[2]。1997 年の航路は，第二次世界大戦以前からの隅田川航路や臨海部のお台場周辺を中心とした航路以外にも，荒川や旧江戸川を運航する広域的な航路設定がされていました。

　2003 年の航路の変化としては，荒川や旧江戸川を運航する広域航路と江東区内の中小河川航路が廃止され，水上バス航路は東京都内の隅田川，荒川，およびお台場周辺の臨海部に限定されるようになりました。現在，水上バスは東京都観光汽船（株）が運営する水上バスと（公財）東京都公園協会が運営する東京水辺ラインが運行しており，2011 年の東京都観光汽船の航路は，隅田川とお台場方面への航路のみとなりました。

●**水上バスの乗船客数の推移から見た航路の変遷** 1996 年における航路別の乗客数の中で隅田川ラインが最多であり，お台場への航路が第 2 位でした。続いて，東京都公園協会事業報告書をもとに東京水辺ラインの発着場別の乗船者数を示したものが図1 です。これを見ると，1997 年における東京水辺ラインの乗船客数は，臨海部の葛西臨海公園と隅田川沿川の両国に乗船客数が集中していたことがわかります（図1a）。また，小豆沢，神谷，および荒川遊園などの桜橋・浅草以北の発着場にもそれぞれ 4,000 人近い乗船客数がありました（図1a）。2003 年になると小豆沢，神谷，および荒川遊園などの浅草以北の発着場の乗船客数が減少しました（図1b）。一方，浜離宮やお台場海浜公園などの臨海部の発着場における乗船客数は増加しました（図1b）。これにより，両国とお台場海浜公園における年間乗船客数はそれぞれ約 6 万人と約 5 万人に増加しました（図1c）。

以上のように，1997年から2003年における広域的な航路の廃止や各発着場別の乗船客数の推移を見ると，東京における水上バスの航路は隅田川を中心とした航路に集約されつつあります。

●河川交通から観光アトラクションとしての水上バスへ

2011年の東京水辺ラインによる神田川や日本橋川のような中小河川を航行できる小型水上バス「カワセミ」の就航により，隅田川や荒川などの比較的川幅が広い河川を運航する大型水上バスが中心であった運航船舶が多様化するようになっています。これにより，日本橋川や神田川に架かる中小河川の橋を川面から眺めることができるようになりました。さらに，2000年代以降は運航されている船のデザインにも変化が見られるようになりました。東京都観光汽船は，漫画家の松本零士氏によってデザインされた「ヒミコ」および「ホタルナ」が就航し，2019年にはその3番目の姉妹船として「エメラルダス」が就航しています（図2）。　　　　（太田　慧）

図2　松本零士氏デザインの水上バス「ヒミコ」（2012年2月，太田慧撮影）

参考文献

1）田中末芳（1988）：「水上バスと隅田川」．『新都市』，42，pp.85-88
2）太田　慧（2014）：「東京ウォーターフロントにおける水上バス航路の変遷と運航船舶の多様化」．『観光科学研究』，7，pp.37-44

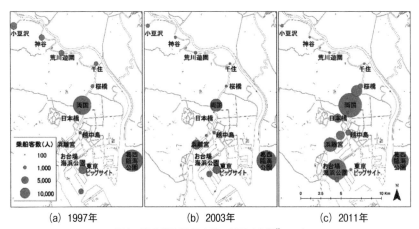

(a) 1997年	(b) 2003年	(c) 2011年

乗船客数（人）
・ 100
● 1,000
● 5,000
● 10,000

図1　発着場別乗船客数の推移（文献2）より）

湧水と豆腐屋

●**湧水とは**　湧水とは，地下水が地上で自然に湧き出しているものを指します。湧水は都市化の影響などからも近年減少傾向にあり，これを保全・再生しようとする取り組みが各地で行われています。都内の湧水は神社や公園にある場合が多いのですが，特に水質の良い湧水・地下水は食品製造にも利用されることがあります。ここでは，東京の湧水と，湧水・地下水を用いた食品製造について，豆腐屋を例に紹介します。

●**東京の湧水**　東京は地形的な特徴からも湧水が多く存在する地域で，現在でも都内に600以上あります。図1は東京の武蔵野台地における湧水の分布を示したものです[1]。武蔵野台地には，火山灰が堆積した層である関東ローム層の下に，地下水を含む地層（帯水層）が分布しています。武蔵野台地は複数の段丘から構成されているため，それら段丘の境界線（崖線）の崖下や，河川によって浸食された谷（開析谷）から地下水が湧いています。このような湧水は，井戸によって人工的に汲み上げられる地下水とともに古くから生活用水や農業用水として利用されてきました。

　都内にはたくさんの湧水が見られますが，中でも多くの湧水が見られる地域の1つに，国分寺崖線があります。国分寺崖線は2つの段丘（武蔵野面と立川面）の境界に沿って約30km連なる崖で，平行する野川沿いと合わせて多くの湧水

を見ることができます。また，武蔵野台地の東部は河川の浸食によって多くの谷が形成され，細かな台地が分布しています。そのため東京都心部においても一部の地域では湧水を見ることができます。

●**豆腐屋における湧水・地下水の利用**　水質の良い湧水・地下水が入手できる地域には，その水を利用したい食品製造業などが集まるようになります。現在では保健所の規制などにより湧水・地下水が食品製造に利用されることは少なくなってしまいましたが，酒造業や氷屋，魚屋など良い水を必要とする産業は，水道水の代わりに湧水・地下水を利用することもかつては珍しくありませんでした。

　豆腐屋もその1つです。そもそも豆腐づくりには，大豆と水，そして凝固剤であるにがりが欠かせません。豆腐製造に地下水を用いた場合には品質管理が難しく，味の決め手はむしろ大豆やにがりにあるともいわれています[2]。しかし，豆腐の水分含有量は80%以上といわれており，豆腐づくりにおいて水が重要であることがわかります。地下水の水温は1年を通して変化が少なく，水道水と比較しても，地下水にはミネラル分が多く含まれています。そのため水にこだわったかつての豆腐職人は，湧水や地下水を利用しておいしい豆腐を製造していたのです。

　現在，「湧水豆腐」とよばれるような，湧水を使ってつくられた豆腐は全国的に数少なく，大変貴重なものとなっています。かつて東京にもそのような豆腐は存

在したかもしれませんが，現在はありません。しかし，現在でも井戸で汲み上げた地下水を利用して豆腐製造を行っているお店が台東区根岸にあります。江戸時代から300年以上続く「笹乃雪」という老舗の豆腐料理店です。このお店は武蔵野台地東端の崖下近くに立地しており，地下80mから揚水した地下水を豆腐製造に使用しています。このお店を愛していたという正岡子規も，「水無月や　根岸涼しき　笹の雪」など多くの俳句を残しています。豆腐の製法も当時のままということですから，昔ながらの味を一度体験してみてはいかがでしょうか。

このほかにも，麻布十番や赤坂，溜池といった地域では，良い水が得やすく，豆腐屋をはじめ，魚屋や割烹などが多く分布していたといわれています。しかし

現在では，湧水・地下水が食品製造に使用される場面がほとんどなくなったことから，豆腐屋をはじめとした食品製造業が良い水を求めて集まる傾向は，時代が進むにつれて失われてしまいました。

●**湧水保全のために**　以上，東京の湧水と豆腐屋における湧水・地下水の利用について解説しました。全国的に減少傾向にある湧水ですが，東京では人々の憩いの場を提供している湧水も数多く見られます。皆さんに親しみをもって水と接してもらうことが湧水の保全につながるかもしれません。

(石川和樹)

参考文献

1）東京都環境局（2013）：「湧水マップ－東京の湧水－」，東京都環境局
2）早川　光（1992）：『新・東京の自然水』，農山漁村文化協会

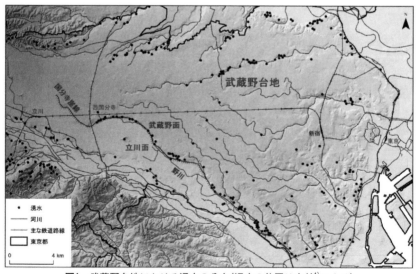

図1　武蔵野台地における湧水の分布（湧水の位置は文献[1]による）

江戸の水道

●**新宿にあった巨大浄水場** 現在の新宿駅西口の高層ビルが建ち並ぶあたりにはかつて巨大な浄水場がありました。この浄水場からは東京の都心部へ水道が供給されていましたが，なぜこの場所に浄水場がつくられたのでしょうか。その答えは新宿の西方およそ40kmの羽村にあります。

●**多摩川から江戸に水を引く** 羽村駅から西に少し歩くと多摩川に出ます。正確には多摩川の1本手前の水路に出ます。水路の幅は20m近くあり，かなりの量の水が流れています（図1）。この水路はすぐ近くの多摩川から取り込まれており，ここから取り込まれた水は高低差わずか100mでおよそ40kmの距離を都心まで流れていきます。かつては内藤新宿（現在の新宿御苑の東側あたり）にあった四谷大木戸まで流れていましたが，現在は高井戸から東側が暗渠（ふたをされた水路）になっています。これが玉川上水です。

　徳川家康が江戸幕府を開いて以降，江戸の人口は増加していく一方でした。このため人々が生活に使う水の量も増えていきました。江戸の町の東側は隅田川（江戸時代には「大川」とよばれていました）沿いの低地になっていますが，西側は武蔵野台地の端にあたるため台地になっています。台地にはいくつかの小さな川（石神井川や妙正寺川，目黒川など）が流れていますが，これらの川は江戸の町から離れており水量もあまり多くありませんでした。また台地の一番上には富士山や箱根などが噴火した際に出した火山灰（関東ローム）が積もっており，その下にある段丘礫層（段丘面の地下にある石ころの地層）が帯水層（地下水を含む地層）になっているため，深い井戸を掘らないと地下水を得ることができませんでした。このため，江戸の町は生活用水を得るには条件の悪い土地でした。このままでは増加する人口に対応できないため，幕府は江戸市中への水道を建設することにしました。

●**江戸の水道システム** 幕府は玉川兄弟に羽村から四谷大木戸まで水を引く上水の建設を命じました。水はけの良い（逆にいえば水路を建設するには向いていない）土地，しかも距離が長い上に比高（地面の高さの差）があまりない武蔵野台地を掘って上水を建設するのはかなりの難工事でしたが，玉川兄弟は使命感に燃えてわずか7か月あまりで完成させたと伝えられています。玉川上水の完成は承応2（1653）年11月で，江戸幕府が開かれてからおよそ50年後のことでした。羽村取水堰から四谷大木戸までは開放水路（ふたのない水路）で，四谷大木戸から先は分水されて地中を通した木樋（木で作られた水道管）で江戸市中に分配されました。樋管の途中には井戸をつくり，人々はこの井戸から水を汲んで生活用水として使っていました。時代劇などで長屋の前で「井戸端会議」をしている光景が出てきますが，この井戸は地下水を汲むものではなく，木樋を通して供給

された水道だったのです。

　江戸の町は人口100万人を越え，当時世界一の人口をもつ巨大都市でした。この人口を支えるための水道システムも巨大なものであり，まさに当時世界最大の水道システムだったといえるでしょう。

　玉川上水はおもに江戸の町の南半分に水を供給していましたが，これ以外にも神田上水，千川上水，三田上水，青山上水，亀有上水などの上水があり，玉川上水と合わせて江戸六上水とよばれていました。このうち，千川上水と三田上水と青山上水は玉川上水から分岐したもので，多摩川から引いた水は江戸の半分近くを支えていたのです。

●玉川上水のもう1つの役割　千川上水や三田上水や青山上水以外にも，およそ30あまりの上水が玉川上水から分岐しています[1]。それらの中の1つである野火止用水は，立川の小平監視所から分岐して埼玉県の新座市・志木市まで伸びています。この用水は生活用水を目的としたものではなく，水を得にくい武蔵野台地を農地として使用するために建設されました。水路の幅も狭く水量もごくわずかですが，水路から水がしみ出すことにより地中の水分量を維持する役割を担っていたのです。

　1893(明治31)年には玉川上水の水を処理する淀橋浄水場が西新宿に建設され，1965(昭和40)年に廃止されるまでのおよそ300年間にわたり，玉川上水は江戸と東京の町を支え続けていたのです。

（中山大地）

参考文献

1）渡部一二（2004）：『武蔵野の水路—玉川上水とその分水路の造形を明かす—』，東海大学出版会

図1　羽村取水堰から見た玉川上水（2011年2月，中山大地撮影）

東京の温泉

●温泉とは？ 鉱泉とは？　温泉とは，「地中から湧出する温水，鉱水及び水蒸気その他のガス（炭化水素を主成分とする天然ガスを除く）のうち，源泉から採取される時の温度が 25℃以上のもの，あるいは，定められた量以上の物質が源泉 1 kg の中に含まれるもの」を指します[1]。後者の「物質」については温泉法で詳しく定められており，温泉は，泉温や液性（酸性，中性，アルカリ性），浸透圧（溶存物質総量や凝固点など）によって，いくつかのタイプに分類されます。

　東京都内の温泉を含む日本の温泉については，『日本温泉・鉱泉分布図及び一覧』[2] にまとめられています。ここで，鉱泉とは，「地中から湧出する温水および鉱水の泉水で，多量の固形物質またはガス状物質，もしくは特殊な物質を含むか，あるいは泉温が源泉周囲の年平均気温より常に著しく高いもの」を指します[1]。すなわち，鉱泉とは温泉を含む広い概念であり，鉱泉は常水（水質基準を満たした水道水）とは区別されます。以下では，温泉と鉱泉を合わせて「温泉」と表記します。

●東京の「温泉」 1992年と2018年の比較　『日本温泉・鉱泉分布図及び一覧』[2] では，都道府県別に「温泉」の分布図が示されており，1992 年には 52 か所の「温泉」が東京都にありました。内訳は，本土に 17 市区町村 33 か所，島嶼部に 6 町村 19 か所でした。ただし，小笠原村

にある 5 か所の「温泉」はすべて硫黄島にありましたので，一般の人は立ち入ることができません。島嶼部には火山島が多いので，「温泉」の数が多くなるのはわかります。しかしながら，本土にも結構な数の「温泉」があることに驚きます。実は 1992 年には，大田区の「温泉」の数が 10 か所と，東京都内の全自治体の中で最も多くなっていました。

　『日本温泉・鉱泉分布図及び一覧』[2] は 25 年以上前の書物なので，最近のデータ（2018 年 9 月現在）を用いて東京都内の「温泉」について調べてみました。東京都内の「温泉」の位置情報は一般には公開されておらず，東京都環境局に開示請求することで，「都内源泉一覧表」という情報を入手しました。

　これによると，現在，東京都には「温泉」が 175 か所あります（図1）。内訳は，本土に 43 市区町村 133 か所，島嶼部に 8 町村 42 か所です。最近の温泉ブームを反映してか，1992 年と比較して自治体の数，「温泉」の数，ともに大きく増えていることがわかります。「温泉」の数が最も多いのは 1992 年同様大田区で，23 か所に増えていました。唯一，「温泉」の数が減っていた自治体は小笠原村で（5 か所→2 か所），いずれも硫黄島の「温泉」でした。

　図1 は，東京都内の「温泉」の分布を示しています。東京 23 区内で「温泉」がないのは北区だけというのには驚きましたし，市部でも「温泉」のない自治体は 8 つだけです。この図をつくっている過程で，筆者は「実は，東京都は温泉大国な

のでは？」という思いにかられました。

●**大田区周辺で見られる黒湯**　都内では，黒湯という「温泉」が湧くところがあります[3]。コーラか墨汁のようにも見える黒湯は，都内では大田区など臨海部で多く見られるのですが，ほかにも上野，浅草，麻布，江戸川などに点在しており，黒湯を利用した銭湯を見かけることができます。関東平野では，黒湯は深さ500mまでの比較的浅い地層に含まれるため，都内に多いのです。臨海部に多いのは戦前からの工業地帯であり，機械を冷やす水を汲み上げるための井戸が多く掘られ，黒い湯が出ることが知られていたからです。また，水が浅い場所にあって井戸を掘りやすかったこともあります。

　そもそも，お湯が黒くなるのは，数十万～数万年前に水の底に沈んだ植物が，酸素が少ない環境で分解された結果，炭素を多く含む黒い物質に変わったためです。見た目とは違い，黒湯にはにおいがほとんどありません。また，黒湯は炭酸水素ナトリウムを多く含み，これには古くなった皮膚の角質を取り除く作用があるため，黒湯には美肌効果もあります。

　しかしながら，「温泉」を利用したものも含め，都内の銭湯の数は後継者不足や施設の老朽化によって，2017年までの10年間で約60%にまで減少しています[4]。地域の交流の場や日本文化の象徴である銭湯を守っていこうと，経営者らを対象に東京都がセミナーを開催したりしています。

（松山　洋）

参考文献

1）環境省自然環境局（2014）：『鉱泉分析法指針』（平成26年改訂）〔http://www.env.go.jp/council/12nature/y123-14/mat04.pdf〕（閲覧日：2018年11月27日）
2）金原啓司（1992）：『日本温泉・鉱泉分布図及び一覧』，通商産業省工業技術院地質調査所
3）読売新聞東京本社（2018）：「都内に多い黒湯，なぜ黒い？」（2018年10月8日・朝刊）
4）読売新聞東京本社（2018）：「銭湯活性化の工夫学ぶ」（2018年10月21日・朝刊）

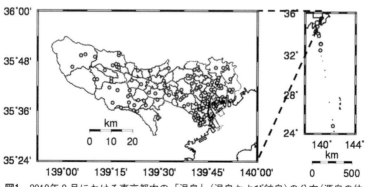

図1　2018年9月における東京都内の「温泉」（温泉および鉱泉）の分布（源泉の位置，東京都環境局への問い合わせに基づき作成）

第5章

東京の歴史と文化

皇居（かつての江戸城）の二重橋
（2007年7月，菊地俊夫撮影）

　　様々な都市基盤づくりによって，江戸は18世紀に100万都市となり，頻繁に
発生した火災や地震などの災害からの復興により新たな都市づくりや大衆文化も
創出されました。このような都市づくりや大衆文化の伝統は江戸から東京に受け
継がれ，東京は世界的な大都市に発展しています。

5.1　東京の歴史は江戸の開城から始まった

　都市としての江戸　　江戸・東京の歴史は，太田道灌（おおたどうかん）が日比谷入江（ひびやいりえ）を望む丘
陵に築城したことに始まるとされていますが，都市としての発展の歴史は徳川
家康の江戸入城とそれにともなう都市づくりによって始まったといっても過言
ではありません。徳川家康は都市空間としての江戸を建設するため，様々な計

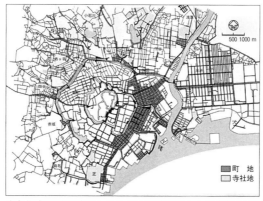

図5.1　寛永期（1630年代）における江戸の都市図と土地利用（文献[1]より）

画と工夫を施しました。図5.1の完成した江戸の都市図は寛永期（1630年代）の様相を示しています。寛永期は明暦の大火（1657年）の影響を受ける前で，市域の拡大により江戸の都市としての姿が完成した時期でもあります。その都市図によれば，江戸の都市としての空間構成は家康が入城した当時のものと大きく異なっています。1つは，江戸城のすぐ東側にあった日比谷入江が埋め立てられ，居住可能な陸地になったことです。もう1つは河川の付け替えが行われ，新たに堀を建設し，人工的な河川（運河）を敷設することで，水路を張り巡らした都市空間が誕生したことです。これら2つの事業は相互に関連しており，日比谷入江の埋め立てには，入り江に注ぐ河川（平川）の付け替えが必要であり，江戸城の整備に必要な資材を効果的に水上輸送するために東西を結ぶ運河（道三堀）が建設されました。河川の付け替えや運河建設によって生じた残土は日比谷入江の埋め立てに利用されました。

　多くの人が居住できる都市空間は海岸部の埋め立てによって新たに確保されました。同時に，都市空間に張り巡らされた堀や水路は人や物資の水上輸送の運河としての機能をもつだけでなく，低湿地の干拓地に生じる余分な水分を取り除く排水路の機能ももっていました。そのため，江戸の土地基盤は効果的に排水できるようにわずかな傾きを意図的にもたせており，そのような土地の傾きは都市住民の生活を支える上水の供給にも効果的に機能しました。このようにして，18世紀に100万都市に発達する江戸の都市基盤は，江戸初期から中期にかけての様々なインフラストラクチャー整備によって構築されました[2]。

都市空間における棲み分け　　都市空間としての江戸には様々なしかけが施されました。江戸の設計に携わったとされる天海僧正（慈眼大師天海）が鬼門と裏鬼門にそれぞれ上野寛永寺と増上寺を配置したことはよく知られています[3]。しかし，江戸の都市空間のしかけにおいて，最も重要なものは職業・身分による棲み分け（セグリゲーション）です。江戸中期の都市図からも明らかなように（図5.1），都市空間は武家地と町人地，および寺社地に大きく区分されており，職業や身分制度に基づいて棲み分けが行われていました。

　武家地は江戸城を中心に時計回りに渦巻き状に配置され，主に台地上の高台に立地していました。武家地には上屋敷と中屋敷，および下屋敷があり，江戸城の周辺には有力な親藩や譜代大名の上屋敷が立地し，江戸城から離れるにつれて中小の大名の上屋敷や中屋敷，さらに離れると下屋敷が立地する傾向にありました。一方，町人地は江戸城の東の埋め立て地であった日本橋などの低地

や台地を刻む谷筋に立地していました。江戸期に作成された江戸切絵図には武家地と町人地が区別されており，それらの分布から武家地の台地と町人地の谷の地形を大まかに推し量ることができます。寺社地はおおむね江戸の範囲の周縁部に展開し，江戸城を防衛する周縁の拠点としての機能ももっていました。江戸中期以降になると，寺社地の防衛機能としての役割は低下し，寺社地は参詣や行楽（観光）などの余暇空間として機能する傾向が強くなりました[4]。そして，寺社詣でや七福神めぐりは江戸の大衆文化を代表する行楽として発展するようになりました。

5.2　大衆が生みだした江戸文化

大衆文化としての七福神めぐり　　　京都における庶民の信仰から生まれた七福神が七福神めぐりとして江戸期に脚光を浴びるようになったのは，徳川家康が天海僧正の進言を受けて七福神信仰を奨励し，人心を鎮める幕府行政の方策として江戸市中に七福神を祀る神社や寺院を建てたことを契機にしています。やがて，人々の間でそれらの寺院を正月に参拝すると「七難即滅七福即生」を享受できるといわれるようになり，七福神めぐりが江戸時代中期から始まるようになりました。そして，浮世絵にも宝船に乗った七福神が描かれるようになり，江戸庶民における七福神信仰が決定づけられました。このように七福神信仰や七福神めぐりが普及するようになったのは，社会・経済が安定し，庶民

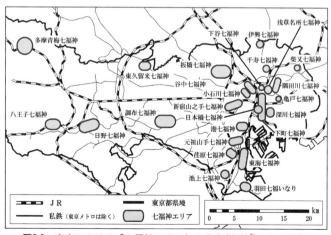

図5.2　東京における「七福神めぐり」の分布（文献[5]により作成）

が楽しみや富を手軽に願い求めることができるようになったためです。かくして，七福神めぐりは江戸の行楽（観光）の1つとなり，代表的な大衆文化として庶民生活に楽しみと希望を与えてきました[5]。

　現在の東京都における七福神めぐりは多摩地区と島嶼部の12か所を除けば，43か所で行われており，そのうち3分の1は谷中や隅田川や深川の七福神めぐりのように江戸時代から続いています。東京都における伝統的な七福神めぐりの分布を示した図5.2によれば，七福神めぐりは下町や郡部の町屋や庶民の住宅地，あるいはもともとの商業地区に多く分布しており，そのことは七福神めぐりが庶民の宗教文化であるとともに，庶民の行楽（観光）文化であることを示唆しています。江戸における七福神めぐりの成功によって，その後の時代においても七福神めぐりを新たに企画設定し，地域づくりや地域観光の核にしようとする傾向が強くなりました。

谷中の七福神めぐり　　江戸の七福神めぐりにおいて，谷中のものが最も古い歴史をもっており，その成立は宝暦年間(1751～1764年)になっています。谷中の七福神めぐりのコースは不忍池の弁財天から，大黒天の護国寺，寿老人の長安寺，毘沙門天の天王寺，布袋尊の修性院，恵比寿の青雲寺を経て，田端にある福禄寿の東覚寺（図5.3）までで，その距離は5km以上に及びます。谷中のコースの大きな特徴は，七福神めぐりの対象すべてが寺院であり（多くの七福神めぐりの場合は神社が入ります），それは谷中が上野の東叡山寛永寺（天海僧正が建立）の門前町であることと関係しています。寛永寺を中心に多くの寺院が集められ，その周辺には宗教文化の集積した空間が形成されました。このような宗教文化の空間を信仰の対象とするだけでなく，回遊型の余暇空間としても利用したのが谷中の七福神めぐりでした。

　谷中の七福神めぐりのもう1つの特徴は，コースの地理的環境にあります。谷中は江戸市中のすぐ外側に位置する近郊農村であり，「日暮らしの里（日暮里の起源にもなる）」で象徴されるように江戸郊外の日帰り行楽地の1つでした。特に，日暮らしの里は四季折々の花を楽しむことができるため，社会が安定し，生

図5.3　田端にある福禄寿の東覚寺(2006年3月，菊地俊夫撮影)

活に余裕がもてるようになると，多くの人々が訪ねる行楽地となりました。このように，人々は日暮らしの里を散策回遊しながら花を楽しみ，余暇を楽しむようになり，花のない時期の身近で気軽な余暇活動として七福神めぐりが行われるようになりました。江戸の日帰り行楽地としての谷中の魅力として，近郊農村や宗教空間としての性格とともに，台地と谷といった自然環境のコントラストも重要でした。台地の上には主に寺院が立地し，谷には農村や水田が立地しました。谷に下りたり，台地を上ったりする七福神めぐりのコースは回遊散策に変化を与えるとともに，季節ごとに様々な風景を人々に提供してきました。台地からは谷の村や江戸市中を，さらに遠くに富士山を眺めることができます。谷中の行楽地としての性格は地域の自然や文化を楽しみ謳歌する大衆文化の成立を決定づけることにもなりました[6]。

5.3　西洋風のまちづくりと新しい生活文化

都市空間の近代化　　1868（明治元）年に天皇が京都から江戸に行幸する際に発せられた「江戸ヲ称シテ東京ト為スノ詔書」により，京都に対する「東の京（都）」という意味合いから，江戸は東京と地名を変えました。そして江戸と比べると，東京は都市空間の様相と性格を明治期以降に大きく変化させてきました。つまり，西洋風の建築や技術革新が都市の景観やインフラストラクチャーに積極的に取り入れられ，東京は世界都市となる第一歩を踏み出したのです。都市空間の近代化の象徴は，銀座におけるレンガ建築や西洋建築の増加であり，これらは江戸時代からの悲願であった火災に強い都市づくりに貢献しました。もう1つの東京における近代化の象徴は鉄道という新たな交通の敷設でした[7]。以下では，西洋風の街づくりと都市空間の拡大の原動力となった鉄道に着目して，都市空間の近代化の様相を説明します。

東京の都市空間の拡大　　蒸気機関車による鉄道は，都市と都市とを結ぶ交通手段として敷設されました。新橋と横浜を結ぶ鉄道が1872（明治5）年に日本で最初に敷設されたことは周知されており，その後，新橋と神戸を結ぶ鉄道（現在のJR東海道本線）や上野と高崎を結ぶ鉄道（現在のJR高崎線），そして赤羽と品川を結ぶ連絡鉄道が敷設されました。さらに，新宿と立川を結ぶ甲武鉄道（現在のJR中央本線）が1889（明治22）年に開業し，その鉄道は都心に延伸して飯田町から発着できるようになりました。その後，さらに延伸して

万世橋駅（現在の JR 神田駅と JR 御茶ノ水駅の中間あたり）から発着できるようになりました。かくして，東京の鉄道は上野駅から北に，万世橋駅から西に，新橋駅から南に向かうことができるようになり，北千住駅や両国駅から現在の JR 常磐線方面や JR 総武本線方面の鉄道も敷設されました（図5.4）。なお，これらの鉄道駅は都心では結ばれておらず，都心では路面電車が都市内の主要な場所を結ぶ交通機関の１つ

図5.4　1914年頃の東京における鉄道の路線図（文献[8]より）

となっていました。東京の都心は東京市 15 区として周知され，それは江戸時代の江戸の範囲とほぼ一致していました。いずれにせよ，東京の都心から郊外に向かう鉄道の存在は東京の都市空間のさらなる拡大の契機となりました。

　東京駅が日本の鉄道の中央駅として 1914（大正３）年に完成し，池袋から東上鉄道が，新宿からは京王電気鉄道が，渋谷からは玉川電気鉄道が，さらに東武鉄道や京成電気軌道や京浜電気鉄道が郊外に向かって敷設されました。これらの郊外に向かう鉄道の敷設は東京の都市空間の拡大につながり，西洋風の近代的な都市づくりとそれにともなう新しい生活文化や建物が郊外に拡散するようになりました。このことにより，東京の都市空間は 1914 年時点で東京市 15 区の範囲を越えて拡大し，鉄道を利用して１時間以内で都心に通勤できる範囲も広がりました。このように郊外からの通勤者や郊外の居住者が増加することにより，東京の人口は飛躍的に増加しました。さらに，郊外の居住者の多くは西洋風の衣食住を取り入れた生活を行うようになり，東京から新しい生活文化が都会のモダンな文化として周辺地域に拡散するようになりました[9]。

5.4　災害復興と東京の変貌

江戸・東京における災害　　江戸・東京は大きな災害に幾度となく見舞われ，その都度，都市空間を復興させただけでなく，都市空間の様相を大きく変貌させてきました。例えば，明暦３（1657）年の江戸の大火は本郷丸山町から出

火し，江戸城本丸をはじめ市中のほとんどを焼き尽くしました。この大火を契機にして江戸の都市空間の大改造が行われました。江戸の中心地に立地していた寺院は市域周辺に立地移動し（例えば，吉祥寺は駿河台から駒込に移動），人形町にあった遊郭も市外（新吉原）に移動しました。さらに，市中のいたるところに火除地としての広小路が建設され，火災に強い都市づくりが行われました。現在の上野広小路はこのような火除け地の名残として知られています。その後も江戸の都市空間は火災や地震，あるいは富士山の宝永噴火の降灰などの災害に見舞われました。東京の時代になってからも関東大震災によって壊滅的な被害を受け，太平洋戦争では空襲により焦土と化してしまいました。しかし，東京は江戸期と同様にその都度復興し，都市空間を大きく変貌させてきました[7]。以下では，関東大震災による災害の様相とそれにともなう復興，および都市空間の変貌を紹介します。

関東大震災とその復興による都市の変貌　　相模湾の海底を震源地とする大地震が 1923（大正 12）年 9 月 1 日午前 11 時 58 分に発生し，関東全域と静岡県・山梨県の一部に大きな被害をもたらしました。特に，東京の旧市街地では地震の被害よりも，地震によって同時多発的に発生した火災による被害が大きくなりました。関東大震災の被害状況を示した図5.5 によれば，火災が昼食時に数か所で発生し，それらが強風によって延焼し，日本橋，京橋，下谷，浅草，本所，深川，神田などの建物が焼失しました。東京市内の約 60％の家屋が罹災し，火災による死者と行方不明者は 6 万人以上（死者・行方不明者全体の 90％以上）に及びました。浅草十二階として知られた凌雲閣や西洋化のシンボルであった公官庁などの建物が倒壊し，水道や交通に関するインフラストラクチャーと通信報道などの機能も崩壊し，東京の首都機能は完全に麻痺しました。

　東京の復興は後藤新平が指導する「帝都復興計

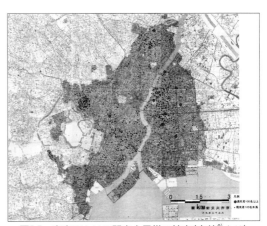

図5.5　東京における関東大震災の被害（文献[9]より）

画」に基づいて進められました。この復興計画の都市づくりは大幅に縮小されましたが，間違いなく東京における近代的な都市空間の形成の基礎になりました。この計画によって都心と下町の主要街路とそれにつながる幅4m以上の生活道路網が整備されました。加えて，震災による焼失地区を中心に土地区画整理事業が実施され，上下水道やガスなどのインフラストラクチャーの整備も行われました。現在の内堀通り，靖国通り，および昭和通りなど都心と下町の主要な街路は関東大震災の復興事業によるものでした。加えて，隅田川にかかる橋も震災で大きな損傷を受け，今後の大震災にも耐えることのできる恒久的な橋の建設も進められました。現在の隅田川十橋のうち新大橋を除く9つの橋が震災復興橋梁（きょうりょう）になります[10]。

　関東大震災による都市空間の変貌は，復興計画によるものにとどまりませんでした。人々の生活空間や経済空間の一部が，人口密集地域から郊外に立地移動しました。例えば，都心近くの下町に集中していた工場は震災の被害が比較的少なく，都市計画法の工場指定地区でもあった大田区に立地移動しました。このことが，今日の「工場のまち（こうば）」大田区の発展にもつながっています。他方，住宅地も震災の被害が比較的少なかった郊外に立地移動し，田園調布（でんえんちょうふ）や成城（せいじょう）などの郊外住宅地が誕生しました。特に，宅地開発が容易であった東京西郊の武蔵野台地の郊外住宅地化は鉄道網の整備と相まって進められました。

（菊地俊夫）

参考文献

1）高橋康夫・吉田伸之・宮本雅明 ほか 編（1993）:『図集 日本都市史』，東京大学出版会
2）森下正昭 訳（2007）:『江戸の大普請－徳川都市計画の詩学－』（タイモン・スクリーチ 著），講談社
3）宮元健次（1996）:『江戸の都市計画－建築家集団と宗教デザイン－』，講談社
4）鈴木理生（2000）:『江戸はこうして造られた－幻の百年を復原する－』，筑摩書房
5）東京街歩き委員会（2002）:〈生活人新書53〉『東京七福神めぐり』，日本放送協会出版会
6）菊地俊夫 編（2008）:〈めぐろシティカレッジ叢書9〉『観光を学ぶ－楽しむことからはじまる観光学－』，二宮書店
7）正井泰夫（2011）:『図説 歴史で読み解く！ 東京の地理』，青春出版社
8）今尾恵介（2016）:『地図で解明！ 東京の鉄道発達史』，JTBパブリッシング
9）内閣府：その他－東京市火災動態地図〈震災予防調査会報告〉（9葉を1枚にした図）－[http://www.bousai.go.jp/kyoiku/kyokun/kyoukunnokeishou/rep/1923_kanto_daishinsai/data/pages/20003.html]（閲覧日：2019年11月13日）
10）越沢 明（1991）:『東京の都市計画』，岩波書店

江戸の範囲

●**漠然とした江戸の範囲**　幕府が江戸の範囲を最初に示したのは、元禄11(1698)年の榜示杭[1]です。この規制標識を、現在の浅草、上野、駒込、小石川、小日向、牛込、市ヶ谷、四ツ谷、青山、麻布、渋谷、隅田川の付近の29か所に設置して、江戸の府内と府外に分けました。通行人は榜示杭を見ることによって、江戸の範囲を知ることができました。その後、文化元(1803)年、幕府は江戸城を中心として半径約16km以内となる四里四方が江戸の市街地・御府内であることを示しました。しかし、四里四方は、その範囲があいまいなことから、問題が生じました。なぜなら、当時、江戸への旅が盛んになって江戸に人々が集まって江戸の人口が急増していたからです。それにともなって犯罪など多くの都市問題も発生するようになりました[2]。例えば、罪を犯した人を江戸から追放する江戸所払い時に、江戸の境界線が漠然となっていたことから、江戸の範囲を明確にする必要がありました。

●**朱引と墨引で江戸の範囲を明確に**　文政元(1818)年、幕府は目付の牧野助左衛門から御府内外伺を受けました。それに基づいて、評定所は地図の上に朱線を引いて府内と府外を区別しました。同時に黒線も引いて町奉行支配の範囲も示しました（図1）。朱引は寺社奉行を管轄する範囲として、東は砂村、亀戸、木下川の中川限り、西は代々木村、角筈村、戸塚村、上落合村の神田上水限り、南は上大崎村、南品川宿の目黒川辺り、北は千住、尾久村、滝野川、板橋の荒川と石神井川下流限りとなりました。一方で、町奉行支配の墨引の範囲は、東は永代新田村、猿江村辺り、西は下高田村、大久保村辺り、南は下高輪村、中目黒村、下目黒村辺り、北は箕輪村、駒込村、巣鴨村の辺りとなりました。

　旧江戸朱引内図を見ると、墨引が朱線の内側ではなく外側に突出している部分がみえます（図1）。ここは、府外にあった瀧泉寺（目黒不動）があった地域です。当時、目黒不動と瀧泉寺には大勢の人々が訪れたため、幕府は取り締まる地域と判断して墨引内としました。このように江戸の市街地の中でも人出でにぎやかな地域は、墨引の内にありました。したがって、墨引内の地域は、人々が集中する江戸の行楽地域であったことが推測できます。

●**コンパクトに江戸見物ができる**　規制標識の榜示杭と江戸城を基準とした四里四方による江戸の範囲は、いずれにしても、江戸は歩いて1日で往復できる距離であるといわれます。江戸後期には、江戸への旅や見物が盛んになって、江戸の人口は約130万人にも達しました[3]。このような社会文化的な背景の中で、朱引による江戸の市街地と、墨引で行楽地域が明確に定まったことによって、江戸見物がよりコンパクトに歩き回る範囲となりました。旧江戸朱引内図は、明確な地名は示していません。具体的な江戸の範囲と地名は、江戸後期に刊行された分割

地図を見ればよく理解できます。

●**持ち歩く江戸切絵図**　江戸の分割地図であり[4]，大縮尺地図ともいえる江戸切絵図という地図があります（図2）。参勤交代や江戸見物で江戸を訪れる武士や旅人などが購入した，江戸の人気商品でした。江戸切絵図はいくつかの版元から出ていますが，そのうち嘉永期（1848〜1853年）までに刊行された尾張屋板（金鱗堂）の江戸切絵図は，従来の切絵図が4色の淡泊な色で画かれたことに対して，地図であるにもかかわらず当時，江戸のお土産として爆発的に人気があった多色摺木版画の錦絵の絵画的な形式を地図に取り入れています[5]。江戸を地域別に分割して作成された30枚の地図は朱引とほぼ同じ範囲となっています。錦絵の形式を取り入れて5色の鮮やかな色彩を使った尾張屋板は赤色で寺社，緑色で山林，田畑など，青色で川，池，海を，黄

色で道と橋，灰色で町屋を表しており，親しみやすい絵図とされていました。江戸名所が遊覧できる内容の切絵図であることから江戸の観光地図とよばれています。旧江戸朱引内図と江戸切絵図と照らし合わせることで，江戸の範囲に関する詳細な地理情報がわかります。

（洪　明真）

参考文献

1）鈴木理生（2006）：『江戸・東京の地理と地名−「町」から「街」へ　時を超えた東京散歩−』，日本実業出版社
2）内藤　昌（2010）：『江戸の町（下）−巨大都市の発展−』（新装版），草思社
3）正井泰夫（2000）：『江戸・東京の地図と景観−徒歩交通百万都市からグローバル・スーパーシティへ−』，古今書院
4）飯田龍一・俵　元昭（1988）：『江戸図の歴史』，築地書館
5）山口桂三郎（1995）：『浮世絵の歴史』，三一書房

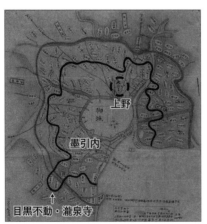

図1　江戸の範囲「旧江戸朱引内図」（東京都古文書館所蔵，一部筆者改変）

図2　『江戸切絵図』に描かれた上野（国立国会図書館デジタルコレクション）

クローズアップ

江戸の休日

●**江戸の年中行事**　江戸の年中行事は四季折々にたくさんありました。新年の正月，春は花見，潮干狩り，夏は鯉のぼり，川開き，山王祭，花火，納涼，秋は二十六夜待，月見，生姜祭，神田祭，冬は江戸三座顔見世，酉の市，七五三，年の市が江戸の年中行事です[1]。近世において大衆文化が発達して広まるにつれて，年中行事は身分を問わず，多くの人々が平等に楽しむことができるようになりました。

●**江戸に桜花見が広まる**　年中行事の代表的な行楽として花見が挙げられます。江戸で桜の花見をするようになったのは，上野の東叡山寛永寺の建造と密接に関連しています。江戸が日本の全国を支配する政治的な中心地となり，幕府は権威を示すために東叡山寛永寺を建造することになり，四神相応と地形，広い土地面積の条件を満たしている上野山が選定されました。その際，寺社に植栽したのが桜です。本来，江戸の桜は，広く親しまれた花ではなく，個人の屋敷や寺社などに植えられて，その数も1本から多くても10本程度でした。徳川家康が慈雲山竜興寺（現・文京区）の桜を見て和歌を詠んだことや，二代将軍の秀忠も花を愛したことはよく知られています。また，慈眼大師天海（不明～1643）も桜が好きで上野山に植栽させたことが記録に残っています[2]。さらに，三代将軍の家光が，天海のため吉野山の桜を取り寄

せて上野山に植栽させたと伝わっています。寛永13(1636)年になると，東叡山の桜は江戸の人々も鑑賞できるようになり，上野は江戸の第一の桜の名所となったと江戸期に刊行された地誌に記録されています。ほかにも浅草，谷中，四ツ谷，芝などが桜の名所として知られるようになります。その後，八代将軍の吉宗が庶民の楽しみとなる桜を小金井など江戸近郊に植える植樹政策を行ったことにより桜の花見は江戸全域に拡大していきました。

江戸時代の花見の様子は，浮世絵風景画に多く描かれています。当時，桜の花見が人々にどのくらい人気があったのかは，絵の中で女性が着ている花見小袖から確認できます（図1）。どの年中行事よりも手を入れた華やかな小袖の晴れ着姿で花見を楽しんでいました。このように，江戸の桜の名所は，江戸市民のために行楽空間としてつくられたものです。当時の花見の名所は，今日まで東京の観光名所として受け継がれています。

●**芝居見物と飲食店**　花見とともに人々が休日を楽しんだ余暇に芸能物があります。特に，歌舞伎は江戸の市民が夢中になった芸能で，11月に行われる顔見世が江戸の年中行事になるほど，その人気ぶりがうかがえます。歌舞伎は，慶長8(1603)年，京都で出雲大社の巫女，お国が男装して踊ったかぶり踊りに由来します[3]。その後，幕府は風俗を取り締まる理由から女歌舞伎を禁じて，現在のように男性が演じる歌舞伎の形態にして定着しました。元禄期（1688～1704年）に初代市川団十郎が荒事の芸風を創始して

人気を集めて，文化・文政期は歌舞伎の爛熟期となりました。江戸の芝居小屋は，山村座，中村座，村山座（後，市村座），森田座が有名で「江戸四座」とよばれました。そのほかにも，結城座，薩摩座などの芝居小屋が江戸の日本橋と浅草，両国などにあって芝居を観覧する人たちでにぎやかでした。

文化・文政期（1804〜1830年）には，江戸の商店がわかるガイドブックである「江戸買物獨案内」が刊行されました。これによれば，200文（現在の約5,000円）する高い会席料理や蒲焼，50文以下の安い飲食のそば，すし，お茶漬けの飲食店が江戸にはたくさんありました。江戸で飲食店が多かった地域は，経済の中心といえる日本橋地域と最も古い寺院（浅草寺）があった浅草地域でした（図2）。江戸の飲食店の立地は，おおむね芝居小屋と見世物があった場所とその周辺，および有名な寺社があった場所に多く分布していました。浅草地域の飲食店は，風雷神門と仁王門に近い門前町（現在の雷門通り・並木通り・馬道通り）に集中していました。このことから芝居の観覧，寺社への参詣をする際に江戸市民は外食を楽しんだことが推測されます。当時の江戸の人々は，行楽のためには使うお金を惜しまなかったこと，そのような行楽を頻繁に繰り返していたようです。したがって，江戸の休日に当時の人々は，花見，芝居，外食，参詣，花火，開帳，買い物などの行楽を楽しみながら過ごしていました。　　（洪　明真）

参考文献

1）西山松之助（1983）:〈西山松之介著作集3〉『江戸の生活文化』，吉川弘文館
2）有岡利幸（2007）:〈ものと人間の文化史〉『桜　1巻』，法政大学出版局
3）久保田淳・堤　精二・三好行雄（1990）:『新選日本文学史』，尚学図書

図1　花見小袖を着た女性（国立国会図書館デジタルコレクション「東都名所合上野（豊国作）」）

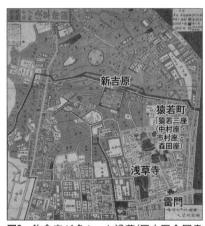

図2　飲食店が多かった浅草（国立国会図書館デジタルコレクション『江戸切絵図』「今戸箕輪浅草絵図」）

東京の地名

●地名から土地の歴史がわかる

地名は，土地の名前です。地名の文字情報からその土地での人間生活や自然景観などが読み取れます。山，岳，嶽，峰，根，尾の字がつくと山に，川，河，江，瀬，淵，袋は川に，浜，磯，甫，洲，崎は海岸に由来したことが推測できます。このように，山，川，海，森林，野原，谷，荒れ地，窪地，台地，峠，温泉，湧き水など自然と関連する地名を自然地名，市，宗教，領主，都市計画など人間活動と関連する地名を文化地名といいます[1]。また，地名は行政が定めた行政地名（例えば，赤坂一丁目）と通称名（例えば，吉原）にも分類できます。

●東京の自然地名

東京の以前の地名江戸は，字義どおりには大きな川の出口を意味し，地形的には河川の河口部の入江を意味します。東京の池袋，上野，下谷，谷中も自然地名といえます。ちなみに池袋は，文字から読むと，池に由来しているように見えますが，本来は川にちなむ自然地名です。池袋の袋は，大きな川の洪水でつくられた遊水池であることから，池袋は地形から分類される池ではなく川から由来したものになります[1]。国分寺崖線に沿って分布する小金井や貫井などの「井」がつく地名は湧水に由来しています。「谷」は山の間の細長くくぼんだところを指します。例えば，東京の谷中が挙げられます。明治時代に入ると，自然地名の江戸から東の京都を意味

する文化地名「東京」に改称されます。そして，文化地名が多く用いられるようになります。

●東京の文化地名

東京の文化地名の多くは江戸幕府の都市計画にちなんでつけられました。かごや馬などを管理する役人が居住した小伝馬町・大伝馬町や，将軍を護衛する御徒士組の屋敷があったことに由来する御徒町，江戸城を守る見張り場があった赤坂見附，四ツ谷見附など，「見附」がつく地名，青山忠茂の大名屋敷から地名となった青山，江戸城の外堀の丸の内，江戸城の正門の大手門，運送にたずさわる人々が住んだ馬喰町などが挙げられます。以上のように，現在の皇居の周辺には人間生活史に関連する文化地名が多く分布しています（図1）。そのほかに，五色の不動尊をまつる目黒不動，目白不動から由来した目黒，目白は宗教関係にちなむ地名です。また，明治時代以降，企業名が地名となった恵比寿もあります。東銀座や西新宿，北新宿は，人気のある地域の名称をブランド化してつけた地名です。この傾向は商店街に「〜銀座」とつけるなど現在でも見られます。

●変化する地名「月島」

東京都中央区の月島は文化地名から自然地名に変化した典型的な例ですが，過去の地名と空間を内包しつつ変貌してきた地域といえます。月島は，寄州である石川島と佃島，佃島砲台，そして明治時代以降に次々と形成された埋立地によって成立しました。鎧島とよばれた石川島は，寛永3（1626）年，石川正次の屋敷地となった後

に八左衛門殿島とよばれ，そのなごりで
石川島となりました[2]。江戸時代の石川
島は，当時，江戸湊を防衛する重要な役
割を担っていました。

　一方，幕府は正保元(1644)年，摂津
国（現在の大阪府）佃村から江戸に移住
した33人の漁師に土地を与えました。
移住者は拝領された土地である寄州を自
ら築立て，その島をかつての居住地にち
なんで佃島と名づけました。また，元治
元(1864)年に佃島の南方には「佃島の砲
台」という新たな埋立地が築かれまし
た。ここは，火砲を操作する兵士の宿舎
と火薬庫が設けられた軍事基地でした。
月島は1884（明治17)年，東京府の東京
湾澪筋浚渫事業により埋め立てが実施
され，1896(明治29)年までに月島一号
地・二号地，新佃島が新しい土地として

造成されました。その後，昭和42(1967)
年の住居表示の実施で佃島が現在の佃
に，月島・勝どき・豊海町・晴海が月
島となります。要するに，月島は，歴史
深い寄州の佃地区と，近代以降にできた
月島地区から成立していることになりま
す。その後，月島の新しい土地には多く
の工場が進出し，それに伴って人口も増
加しました。現在の月島は，超高層マン
ションが建設されて，下町の雰囲気が漂
う佃小橋の周辺との対照的な風景をつ
くり出していることから，東京の名所の
1つとなっています（図1）。　（洪　明真）

参考文献

1）武光　誠　(1997)：『地名の由来を知る事
　典』，東京堂出版
2）東京都中央区立京橋図書館　編(1994)：
　『中央区沿革図集－月島篇－』，東京都
　中央区立京橋図書館

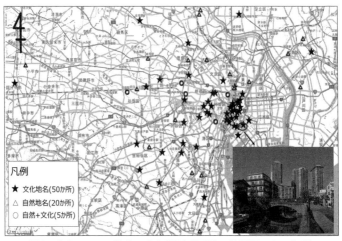

図1　東京における地名の分布（国土地理院の地形図により作成）

江戸の食文化

●**江戸の食事情**　東京の食は江戸の食に由来するといわれています。徳川家康によって開発された江戸では庶民の多くが人足や職人，奉公人など地方から出てきた単身の男性でした。彼らは台所のない長屋に住み，普段の食事はどこかで購入するしかありませんでした。そのため，江戸の街では安価に楽しめる外食文化が発展しました[1]。そのような江戸の庶民に親しまれた食文化のいくつかは，現在も東京の食文化として受け継がれています。

●**江戸前ずし**　世界にも名だたる江戸の食として江戸前ずしが挙げられます。江戸前ずしとは，酢飯と江戸湾で獲れるコハダやアジ，タイなどの魚とを合わせる握りずしのことです。その誕生には諸説ありますが，江戸後期の文化・文政年間（1804〜1830年）に両国の與兵衛寿司の華屋與兵衛が考案した説が有力とされます。江戸初期のすしは上方由来の飯と魚を桶で乳酸発酵させる「生なれずし」が主流でしたが，中期になると飯と魚を型で押し固める押しずしが主流となりました。そのため，飯と魚を手で握り合わせただけのシンプルな江戸前ずしは，まさに斬新的なものだったといえます。

　江戸前ずしは握るというスタイルだけではなく，食材や味わいも従来のすしとは異なるものでした。江戸前ずしに使われた醤油は従来の薄口醤油の下り醤油（上方から江戸に流通してきた醤油）で

はなく，文化・文政年間に江戸でのシェアを急速に伸ばしていた下総の濃口醤油の地回り醤油でした。地回り醤油は熟成期間の長さから旨味と香りが強く，ネタの味をよく引き立てました。また，酢飯には従来の米酢と異なり，三河の粕酢が使用されました。粕酢は酒粕から醸造する酢で，米酢よりも安価で，程よい甘みと酸味を飯に与えることから，江戸のすし屋で多く用いられ，人気を得ました。現在でも酢飯の酢に砂糖を入れて甘くするのは，粕酢を使用する名残りといえます。このように革新的な食材と調理法による江戸前ずしは，與兵衛寿司のような高級店で供されるだけでなく，手軽に楽しめる外食として簡素な屋台でも供されました。江戸前ずしはいわば江戸っ子のファストフードでした。

●**そばと天ぷら**　江戸前ずしと同様に江戸の街が育んだファストフードとしてそばと天ぷらも挙げられます。江戸初期にはそばはうどんほど人気がなく，食され方にしても，製粉や手打ちの未熟な技術のために煮崩れするため，軽くゆでた後に蒸して供することが一般的でした。しかし享保年間（1716〜1736年）になると，小麦粉などのつなぎを用いる製麺技術の向上にともない，煮崩れしにくい麺となり，そばの取り扱いが容易になりました。また，そばをつけるつゆにも味の濃い地回り醤油が使用されるようになり，江戸っ子の口に合うものになりました。かくして，そばは庶民の間に浸透するようになりました。すると，夜鷹そばや風鈴そばとよばれる夜売りの屋台が現れる

ようになりました。これらのそば屋台は手軽に夜食を食べられる施設として江戸っ子たちから大きな支持を得ました（図1）。江戸では火事の危険性から夜間の販売が禁止されていましたが，そば屋台はその人気から営業が黙認されていたほどでした。

一方，天ぷらは，安土・桃山時代にポルトガルから日本に伝わった長崎天ぷらが起源であるとされますが，長崎天ぷらは，味のついた衣が厚く，具材のタネとともに衣も楽しむものでした。そのような天ぷらは当時高級であった油を大量に使用したため，庶民にはなかなか手の届かないものでした。しかし，江戸時代になり，菜種の食用油の生産量が増えたことにより，天ぷらは江戸で独自の進化を遂げました。江戸の天ぷらは江戸前のアナゴやコハダ，シバエビなどをタネとして使用し，タネの味わいを活かすため，

図1 そばの屋台（歌川国貞・三代目歌川豊国「南与兵衛」）（早稲田大学演劇博物館所蔵）

薄い衣で揚げられました。揚げられた天ぷらは串に刺して，市中の屋台で販売されました。天ぷら自体への味つけが薄かったため，江戸っ子は大好きな濃い味の地回り醤油に味醂などを加えたつゆに浸して食しました。屋台で販売される天ぷらは一串およそ4文程度（現在の貨幣価値に換算すると20〜30円程度）と安く，エネルギー源としての脂分も摂取できることから，天ぷらは手軽なおやつとして庶民に親しまれました。

●江戸から東京の食文化へ　明治期に入り江戸が東京に変わると，すき焼きの元祖である牛鍋や，トンカツ，コロッケ，カレーライスなど西洋文化に影響を受けた洋食が出現しました。また，大正期，昭和期を通じて食自体の西洋化が進展し，江戸や東京の地域独自の食文化は見えにくくなりました。そのような状況にあっても，江戸前ずし，そば，天ぷらは人々に親しまれ，高級なものからリーズナブルなものまで幅広く存在しています。これは，東京の食文化が江戸の食文化に根差していることを物語っています。
（飯塚　遼）

参考文献
1）大久保洋子（2012）：『江戸の食空間―屋台から日本料理へ―』，講談社

 第
6
章

東
京
に
住
む

月島のタワーマンションと中央大橋

　　東京の人口は，近隣の県を加えると日本の人口の4分の1を上回り，日本全体が人口減少に直面している中でも増加を続けています。この章では，東京に住む人々の人口構成と居住について，主に地図を用いて捉えてみます。

6.1　東京に暮らす人たち

増え続ける東京の人口　　東京都には，2015年時点で1,351万人の人が住んでいます。隣接する3県を加えた人口は3,613万人に達し，じつに日本の人口の4人に1人が東京圏で暮らしていることになります。

　東京の人口が増加したのは，1950年代に始まる高度経済成長期からで，1960年代に入ると東京都の人口は伸び悩みます。その代わり，近隣の3県を含めた東京圏全体では増加の一途をたどり，郊外化に伴って都心部の人口が空洞化するドーナツ化現象が見られました（図6.1）。しかし，2000年以降は東京都でも再び増加が見られるようになります。

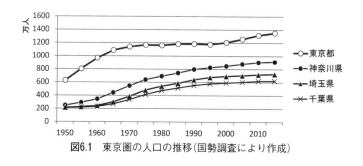

図6.1　東京圏の人口の推移（国勢調査により作成）

なぜ東京に人が集まるのか　　東京に人が移り住む理由には様々なものが考えられますが，その1つは賃金の高さがあります。2018年における都道府県別最低賃金は，首位が東京都の985円で，最下位は鹿児島県の761円となり，約1.3倍の差が見られます[1]。このことから，高い賃金に惹かれて東京をめざす人が多いと予想されます。また，東京には首都機能や民間企業の本社機能が集中しており，転勤のために移動したり，地方にはない職業を求めて上京する人たちも少なくありません（第7章参照）。

　人口移動を年齢別に見ると，新規学卒者を含む20歳前後で最も多くなります。この年齢層は，大学進学や就職を契機に親元を離れて移動する割合が高いのですが，特に東京都は全国の大学・大学院学生の26.1%にあたる約75万人が集中しており[2]，東京には必然的に若者が集まることになります。ほかにも，匿名性（とくめい）の高い大都市での自由な暮らし方を求めて移動してくる人たちも少なくないと予想され，これらの要因が，東京への人口集中を加速させているものと思われます。

　その結果，東京の年齢別人口構成を図化した人口ピラミッドは，図6.2のように働き盛りの若年層とその子どもたちが多い星形の形状を示します。これは日本全体が第1次ベビーブーム世代（団塊（だんかい）世代）とその子どもの年齢が多いのに比べると，違いが鮮明です。しかし，東京圏に若者を送り出してきた地方の人口が減少すると，東京でも将来は高齢者の多いつぼ型に変化することが予想されます。

6.2　市街地の拡大と郊外住宅地の形成

鉄道が主導した郊外化　　人口が増加すると，既成市街地では住宅が不足

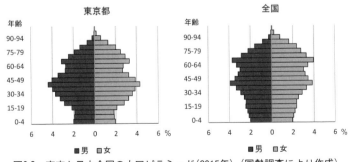

図6.2　東京と日本全国の人口ピラミッド（2015年）（国勢調査により作成）

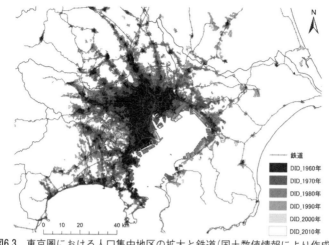

図6.3 東京圏における人口集中地区の拡大と鉄道（国土数値情報により作成）

し，郊外に新たな住宅地が開発されることになります。東京で郊外化が本格化したのは，1923 年の関東大震災が 1 つのきっかけになっています。この震災の被害は，都心より東部に広がる低地の密集市街地で大きかったため，被害が少なく都市化も遅れていた西部の山の手に市街地が拡大しました（クローズアップ「下町と山の手」参照）。それを可能にしたのが，郊外から都心に通勤や買い物で移動する人たちを運ぶ鉄道網の整備です。

　昭和の初めには，新宿，渋谷，池袋などの JR 山手線沿いの主要駅から郊外に延びる鉄道が開通し，小田急，東急，西武の電鉄系不動産会社による沿線の住宅開発が，進められていきます（第 5 章参照）。図6.3 からわかるように，1970 年代以降の東京圏の人口集中地区（DID）の広がりは，鉄道沿いで拡大したといえます。とりわけ 1980 年代後半のバブル経済期には，地価高騰とともに郊外への市街地拡大が顕著であったことが読み取れます。

　ニュータウンの形成　　第二次世界大戦後の高度経済成長期には，東京は地方から大量の人口を受け入れることになり，住宅不足が深刻化しました。それを解決するために，東京都や日本住宅公団（現・UR 都市

図6.4　多摩ニュータウンの住宅地（2019年11月，若林芳樹撮影）

機構）は，ニュータウン開発を推進しました（クローズアップ「再生に挑む
ニュータウン」参照）。その中でも日本最大規模を誇るのが多摩ニュータウン
で，これまで20万人を超える人口を受け入れてきました。都心から30km付
近の丘陵地を造成して開発された多摩ニュータウン（図6.4）は，当初はベッ
ドタウンとして計画されたため，就業機会となる事業所用地が少なく，働き手
は遠距離通勤を強いられることから，職住分離のライフスタイルが定着して
いきます。

6.3 居住地移動と都心回帰

東京の住宅事情と住宅双六　　全国一高い地価と人口集積が見られる東京で
は，住民は狭小な住宅に高い家賃・地価を払って住むことになります。2013
年住宅・土地統計調査によると，東京都の持ち家率は45.8%（全国平均61.7
%），1住宅あたり延べ面積は63.54 m²（全国平均92.97 m²）と，従来に比べ
て改善されてきたとはいえ，都道府県別では最も低い水準にあります。また，
地価が高いため，住宅全体に占める一戸建の割合は27.8%（全国平均54.9%）
にとどまり，約70%を共同住宅（アパートやマンションなど）が占めていま
す。その結果，結婚して子どもが生まれた世帯は，手狭になった都心部の住宅
から郊外へと移り住むことになります。

　こうした高度経済成長期の大都市での居住地移動の様子を端的に表したのが
「住宅双六」です。これは，生まれた場所を振り出しにして，下宿，アパート
などの借家を経て，持ち家にたどり着くまでの住み替え過程が双六に表されて
おり，上がりは郊外の庭つき一戸建て住宅になっていました。これを後押しす
るように，政府も持ち家政策を推進してきました。

　しかし，現代版の住宅双六では，振り出しも上がりも多様化してきていま
す。例えば，地方出身者が多かった高度経済成長期は，振り出しは大都市圏外
にあって，上京後にアパートや寮からステップアップして持ち家にたどり着く
と考えられていました。しかし，その子どもたちが郊外第二世代となった現在
では，親と同居したり相続することで持ち家を取得することも可能です。ま
た，共働き世帯が増加したため，長距離通勤を強いられる郊外よりも職住近接
が実現しやすい都心部を指向する人たちも増加します。その結果，双六の上が
りとして都心部のマンションを選ぶ人も増えています。

とりわけ規制緩和が進んだ 2000
年以降に増えているのが 20 階建て
以上の超高層マンションです（図
6.5）。2008 年のリーマンショック
で一時的に減少した後，その数は増
加を続けており，2018 年以降に建
設予定の超高層マンションのうち東
京都区部は 123 棟と，全国の 51.1%
を占めます（不動産経済研究所の
資料による）。

図6.5 東京臨海部の超高層マンション
（2018年12月，若林芳樹撮影）

人口の都心回帰と郊外の縮小　　図6.6 に示したバブル経済期とその後の人
口増加パターンの違いは，住宅双六の変化を物語っています。地価が高騰し続
けた 1980 年代前半のバブル経済期までは，ライフステージの進行とともに郊
外に移り住む人が多かったため，都心の人口は減少の一途をたどっていまし
た。しかし，地価が下落した 1990 年代後半には，郊外と都心部との住宅価格
の差が縮小し，都心部での人口回復が顕著になっています。特に図6.6 でこの
時期に顕著な増加が見られるのは，都心部から東京湾岸にかけての再開発地区
で，大規模なマンションが建設されたところに多く見られます。
　人口の都心回帰が進むと，郊外では人口が減少して空き家が発生するように

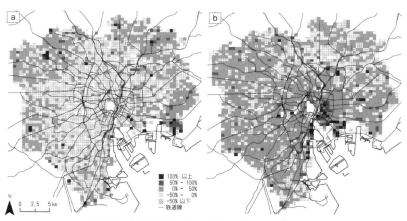

図6.6 東京都区部の人口増減の変化（文献[3]より）
(a)1985〜1995年，(b)1995〜2005年

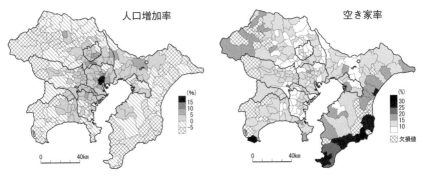

人口増加率　　　　　　　空き家率

図6.7　東京圏の市区町村別人口増加率（2010〜2015年）と空き家率（2013年）（国勢調査，住宅・土地統計調査により作成）

なります。図6.7 には市区町村別に見た人口増加率と空き家率を示していますが，東京都心への通勤限界地である千葉県東北部から南房総，および埼玉県北部の市町村では，人口減少と空き家率が高いことがわかります。逆に，人口増加が顕著な東京都心部では，空き家率も低い水準にとどまっています。

6.4　人口構成と分布の変化

年齢と世帯構成　　東京都の人口で 65 歳以上の高齢者が占める比率は 22.67% と全国的には低い水準にあるとはいえ，高齢化は着実に進んでいます。一方で，東京は合計特殊出生率が 1.20（全国平均は 1.43）と最も低く（2017 年人口動態統計による），少子化も進行しています。このことは，0〜14 歳の年少人口率の分布の変化を示した図6.8 からも明らかで，特に都心部での減少が顕著にみられます。こうした子どもが減少した地区では，小中学校の統廃合も進んでおり，廃校跡地が高齢者福祉施設などに転用されてきています。

　少子化の原因の 1 つは，結婚しない人の増加があり，東京都では 30〜34 歳の未婚率は男性が 50.3%，女性 39.5% と年々上昇しています。また，世帯規模も小規模化してきており東京都の単独世帯割合は 47.3% と全国一高い水準にあります（2015 年国勢調査による）。

　職業による棲み分け　　東京では近代に入ってから西部の台地と東部の低地との間で職業構成の違いが顕在化します（クローズアップ「下町と山の手」参照）。それは現在も続いており，デスクワークに従事するホワイトカラーの代

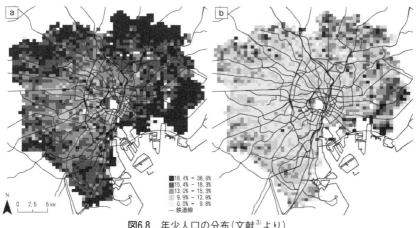

図6.8 年少人口の分布（文献[3]より）

(a) 1985年, (b) 2005年

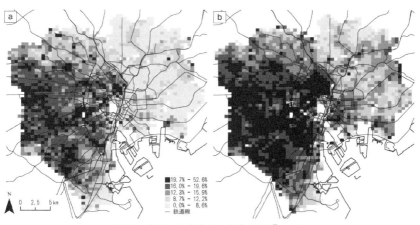

図6.9 専門・技術職率の分布（文献[3]より）

(a) 1985年, (b) 2005年

表例である専門・技術職率は，図6.9 のように西高東低のパターンを示します。1985 年と 2005 年とを比べると多少変化があり，臨海部や東部の低地側でホワイトカラーの増加が見られますが，これは人口の都心回帰によって増加した地区（図6.6 参照）と重なります。

外国人居住者とエスニックタウン　バブル経済期以降，円高や入管法改正などを契機として，日本で働く外国人が増加しています。東京でも外国人居住

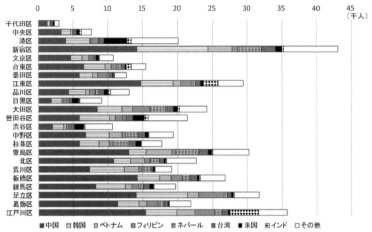

図6.10 東京区部の国籍別外国人人口（住民基本台帳（2019年1月）により作成）

者は増え続けていますが，他地域と比べると，東アジアや欧米出身で滞在期間の短い人たちが比較的多く，国籍が多様である点が特徴です。その分布には国籍による違いが見られます。

韓国・朝鮮人については，荒川区，台東区，足立区などに第二次世界大戦以前から居住する永住資格をもつ人たちが多く，比較的新しい移住者が多い新宿区では，大久保地区のようにエスニック・タウンとして観光地化が進んでいるところもあります（図6.10）。

中国人については，新宿区，荒川区，足立区などで韓国・朝鮮人の分布と重なるところも見られ，豊島区，板橋区，江東区にも集住地区が形成されています。ベトナム人とフィリピン人は，都心周辺部に分散し，中国人と一部で重なりますが，明確な集住地区は見られません。これらのアジア諸国とは違って，アメリカ人は山手線南部の港区，目黒区，渋谷区で集住地区が見られます。そのほかの欧米人もこの地区には多く，在日大使館や外資系企業に勤務するビジネスマンや外国人学校への通学者が多く居住していると考えられます。

（若林芳樹）

参考文献

1）厚生労働省（2018）：『平成30年度地域別最低賃金改定状況』
2）国土交通省 編（2018）：『平成30年版 首都圏白書』，勝美印刷
3）若林芳樹・小泉 諒（2014）：「バブル経済期以降の東京23区における人口変化の空間的パターン」．『地学雑誌』，123，pp.249-268

クローズアップ

下町と山の手

●**橋と坂** 「下町では橋の名前を覚えて，山の手では坂の名前を覚える」——東京のタクシー運転手に伝わる話として聞いたことのある方もいるかもしれません。下町と山の手の特徴を，うまく言い表していると思います。多くの方は，下町と山の手を，東京の東側と西側，標高の低い地域と高い地域という印象をもたれているのではないでしょうか。しかし，下町と山の手の地理的な定義は明確とはいえません。

　東京は，江戸城の城下町として，その地形を用いながら開発が進められてきました。城下は武家地，寺社地，町人地に大別され，中でも武家地は，江戸城の御府内（朱引）の面積の3分の2以上を占めていました。武家地の中でも大名屋敷は，江戸城との位置関係や地形条件，景観でも優れた，台地の上すなわち山の手に多く位置していました。その一方，町人地は面積で見れば御府内の15%程度しかなく，その多くは低地でした（第5章参照）。つまり，江戸では地形条件と社会的関係に対応が見られたのです[1),2)]。そしてその関係は，程度を変えて現在に続いているといえます。

●**行政区域の変化** 行政区域で見ると，現在の東京23区に至るまでには，幾多の変遷がありました。1871年の大区小区制，1878年の15区6郡制，1889年の15区に東京市が誕生する市制町村制（図1），1932年に隣接5郡（図1に示さ

れた5郡）の82町村が新20区として編入され35区のいわゆる「大東京市」，さらに1936年に千歳村と砧村（現在の世田谷区の一部）が合併され，現在の東京23区に相当する範囲が成立します。戦後の1947年には区の数が23となり，現在に至ります。

●**人口増加と都市化** 人口の変化に目を向けると，日露戦争や第一次世界大戦による軍需景気を背景に，東京への人口増加も顕著になります。それに伴い，1910年代以降，東京周辺の農耕地帯が急速に都市化していきます。この頃東京は，2つの大きな自然災害に見舞われました。1つ目は1910年8月に発生した台風と大雨で，東京市内では12万棟以上の浸水と30名の人的被害が生じました。2つ目は1917年10月に台風によって発生した災害で，7万棟以上の浸水と699名の人的被害が生じました。これらの被害はいずれも東京市の東部地域が中心であり，低地帯の災害への脆弱性が現れたものでもありました。

　一般に，急激な都市化は，スプロール現象を招きます。しかし，近い将来の市街地化を見越して，耕地整理や土地区画整理事業を活用し，農地を市街地へ自らつくり替えた近郊農家もありました。また，理想的な住環境を求め，住宅開発に乗り出す人々も現れました。後者の例が，渋沢栄一らによって1918年に設立された，田園都市(株)です。この会社は，イギリスの社会改革家E. ハワードによる都市ビジョン『明日の田園都市』に構想を得て，膨張する東京にも良好な

環境の田園都市を建設することを目的としました。そして1922年6月には洗足地区，1923年8月には多摩川台地区（現在の田園調布）の住宅分譲を開始しました。

●**関東大震災の影響**　しかし，分譲から間もない1923年9月1日，関東大震災が発生しました。その死者10万人以上の多くは焼死でした。とりわけ木造家屋が密集していた下町地域における被害は甚大で，約4万人の市民が避難した被服廠跡（現在の墨田区）では火災旋風が発生し，約3万8千人が焼死または窒息死しました。下町地域が甚大な被害を受けた一方，台地上部にあたる山の手での被害はそれに比べれば小さかったといえます。震災後の新聞に出された田園都市地区売出しの広告には「今回の激震は田園都市の安全地帯たる事を証明しました。巨費を投じた耐震耐火工事も天然の地盤，自然の広袤には及びもつきません。当社地区は幸いこの天恵を併有して

います」とあります（図2）。台地上の被害が小さかったことは，その後の山の手の郊外開発を促進したといえます。

震災後は，東京市から隣接5郡など郊外へ移り住む人々が増加し，郊外が東京の人口増加の受け皿となります。東京市と隣接5郡の人口は，1920年には217万人と118万人でしたが，大震災後の1930年には207万人と290万人となり，東京市と郊外の関係は逆転しました（国勢調査結果より集計）。こうして郊外での人口増加が顕著となり，江戸以降の「下町」と「山の手」の範囲も拡大されたといえます。　　　　　（小泉　諒）

参考文献

1）山口　廣　編（1987）：『郊外住宅地の系譜－東京の田園ユートピア－』，鹿島出版会
2）松山　恵（2014）：『江戸・東京の都市史－近代移行期の都市・建築・社会－』，東京大学出版会
3）東京朝日新聞（1923）：「田園都市地区売出」（1923年10月27日・夕刊）

図1　東京市と地形区分

図2　売り出し広告（文献[3]より）

再生に挑むニュータウン

●**ニュータウンとは**　ニュータウンは，都市の既成市街地における過密化を緩和するために郊外に新しく形成された市街地です。高度経済成長期以降，東京圏（1都3県）には大小多数のニュータウンが開発されました（図1）。しかし，現在は早期に開発されたニュータウンにおいて住民の高齢化と建造物の老朽化が進み，その再生が課題となっています。ここでは，代表的なニュータウンである多摩ニュータウンの現在を紹介します。

●**多摩ニュータウンの概要**　多摩ニュータウンは，東京の都心から西へ30km前後の多摩丘陵に位置し，その区域は稲城市から町田市までの4市にまたがっています。開発は日本住宅公団（現・UR都市機構）と東京都を中心とする公的組織により1966年から，入居は1971年に多摩市南部の諏訪・永山地区から，それぞれ始まりました。公的な開発は2000年代中頃で終了しましたが，現在も民間事業者が住宅を供給しています。2019年10月現在の人口は約22.4万人です。

　ニュータウン内の土地利用を見ると，丘陵の尾根部分には中層集合住宅を主体とする団地が公的に開発されました。一方，谷部分には幹線道路や鉄道が敷設されており，それらに沿って一戸建てから民間のマンションまでの多様な住宅やロードサイド型の商業施設，ビルなどが混在します。また，ニュータウン内には店舗や公共施設を集めた「センター」が計画的に配置されました。団地内の小さな商店街が最も身近な近隣センターであり，より上位のセンターは永山駅，多摩センター駅，南大沢駅周辺の商業中心地になります。

●**高齢化と地域の課題**　近年の多摩ニュータウンでは，早期に入居した地区において人口減少と高齢化が顕著です（図2）。これは，当初，一斉に子育て期のファミリー世帯が入居したために住民構成が偏っており，その後，子どもは成長に伴い転出した一方で滞留した親世代が現在までに加齢したこと，公営住宅に高齢者のみの世帯が新たに転入してくることなどが原因です。

　人口減少・高齢化は生活関連施設の減少も引き起こしています。商店街の商店や診療所の閉鎖は，高齢者などのモビリティの低い住民にとって深刻な問題です。

　早期の入居地区では建造物の老朽化も進んでいます。丘陵地に開発された多摩ニュータウンの街中には坂や階段が多

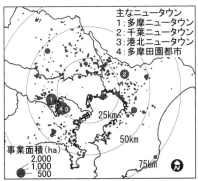

図1　東京圏のニュータウン（国土交通省「全国のニュータウンリスト」により作成）

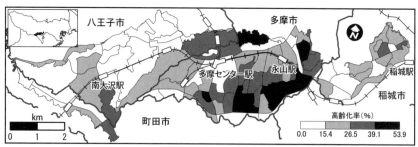

図2　多摩ニュータウンにおける町丁目別の高齢化率（2015年国勢調査により作成）

く，エレベーターのない集合住宅が多いため，高齢者対応のバリアフリー化も課題です。

●ニュータウン再生の取り組み　多摩ニュータウンでは，上記の現状を受けてニュータウン再生の取り組みがハードとソフトの両面で進められています。

　ハード面では，多摩ニュータウン初の建て替えが諏訪地区の分譲集合住宅団地で行われました（2010〜2013年）。1980年代末に初めて話題になってから，管理組合を中心に数々の壁を克服して建て替えを実現しました。建て替えにより，エレベーターのない中層集合住宅（23棟，640戸）は，保育所やデイサービス，クリニックを併設し，エレベーターや防犯装置を備えた最新の高層マンション（7棟，1,249戸）に生まれ変わりました。新規の住戸は若い世代の新住民を引きつけて地区の高齢化を緩和しました。現在，諏訪・永山地区では学校の廃校跡地を活用して都営住宅の建て替えも始まっています。

　ソフト面では，団地内の商店街で発生した空き店舗を利用して，介護サービスや住民サービスの提供，コミュニティカフェやサロンなどの居場所づくりが見られます。その担い手として市民が多いことが特徴です[1]。また，永山地区では商店街の中心に地域福祉の拠点である地域包括支援センターが開設され，地域で活動する市民との連携がはかられています。

●ニュータウンであり続けるまち　多摩ニュータウンの開発は長期に及んだことから，住宅のデザインや住民の年齢構成は地区ごとにそれぞれであり，抱えている課題も異なります。ここでは早期に入居が行われた地区の現状を主に紹介しましたが，時折，高齢化の一面を取り上げて「オールドタウン」と揶揄されることがあります。しかし，多摩ニュータウンは決して画一的な街ではありませんし，様々な課題へ挑み，街のリニューアルに取り組んでいるという意味で「ニュータウン」であり続けているといえます。

（宮澤　仁）

参考文献

1) 佐藤廉也・宮澤　仁 編著（2018）：『現代人文地理学』，放送大学教育振興会

東京都の島

●**離島ブームと伊豆諸島**　近年，小笠原諸島や屋久島といった，固有の自然を有する島嶼地域が観光地として注目されています。これらの島嶼地域では環境を意識したエコツーリズムのような観光が特に注目されているといえます。一方，高度経済成長期の島嶼地域，とりわけ東京の伊豆諸島では離島ブームといわれる現象が起き，若い人を中心に観光地として人気を博しました。

　離島ブーム以前の伊豆諸島では，伊豆大島のみが観光地として知られていました。その伊豆大島の観光の歴史は明治期までさかのぼり，そこでは伊豆諸島を代表する観光の歴史が展開しています。以下では，伊豆大島における観光の歴史を事例にして説明します。

●**伊豆諸島の観光開発**　伊豆諸島は江戸時代までは流刑の地として，一般人の自由な往来は禁止されていました。一般に往来ができるようになったのは，1907（明治40）年に東京府知事の命令により航路が整備されてからです。本格的に観光開発が始まったのは1929年の世界恐慌以降です。世界恐慌の影響を受けて貨物船だけでは経営が厳しくなった東京湾汽船(株)(現・東海汽船(株))が東京-大島-下田を結ぶ航路を開設しました。さらに，航路を開設した年には「波浮の港」という歌謡曲や川端康成の『伊豆の踊り子』といった作品により，伊豆大島が多くの人に知られるようになりました

（図1）。一方，1933年におきた女子大学生の三原山火口への投身自殺に始まり，多くの自殺者が相次ぎ，三原山は自殺の名所としてもメディアに度々取り上げられました。いずれにしても伊豆大島の知名度が上がったことから，来島者数は年々増加しました。

　昭和初期の大島観光では三原山登山が主流であり，1935年頃には1合目から山頂までに10軒以上の茶屋があったとされています。一方，新たに大型船が導入されたことにより，1939年には現在の元町港に桟橋が建設され，観光地としての大島の開発は順調に進行していました。しかし，第二次世界大戦によって，一時的に伊豆大島の観光は停滞してしまいました。

　第二次世界大戦が終わってしばらく経った1949年には，東京から伊豆大島の運航が再開され，大島の観光は再び活発になりました。1963年には大島空港の開港や島内道路の整備が行われ，1960年代と70年代の伊豆諸島の地域振興は大島の観光開発が中心でした。

　一方，1960年代中頃から大島以外の島が若年層を中心に注目されるようになります。最初に観光開発が進んだのは八丈島でした。八丈島では1959年に観光協会や大型ホテルが設立され，1960年には空港の開港や道路整備により島内での観光バスの運行が開始されました（図2）。八丈島に少し遅れて，観光開発が行われたのが三宅島でした。三宅島では2つの接岸港が1965年までに開港したことで，交通面が改善されました。また，

新島や神津島でも1960年の後半から港の整備や民宿組合の設立が始まりました。

●離島ブームの影響とその要因　離島ブーム以降，伊豆諸島では，宿泊業などの観光による産業が基幹的な経済活動になりました。新島や神津島は1960年頃まで農業や水産業が経済活動の中心でしたが，離島ブームになると民宿などの観光産業による収入が増加しました[1,2]。

　離島ブームが起きた要因の1つには1953年に制定された離島振興法の影響があります。離島振興法によって，港湾設備や空港などの交通関係の設備が改善されました。これにより観光客が訪れやすくなりました。また，1960年代には若者の間でキャンプが流行し，一部の若者がアウトドアを楽しむ場所として伊豆諸島が注目されました。これらの社会的・文化的な背景によって離島ブームが起きたと考えられます。近年の伊豆諸島では伊豆大島のジオパークや御蔵島のイルカといった自然をテーマにした観光も盛んになっています（図3）。

（高橋環太郎）

参考文献

1 ）今野修平・永野為紀・長浜富子（1972）：「伊豆神津島の産業構造とその変化」．『東北地理』，24，pp.222-232

2 ）落合みどり・小沢雅人・里　昭憲・佐藤美津春（1982）：「新島における観光産業の発展と民宿経営」．『学芸地理』，36，pp.29-52

図1　第二次世界大戦前にはにぎわっていた伊豆大島の波浮の港（2011年6月，菊地俊夫撮影）

図2　第二次世界大戦後に観光地化が進んだ八丈島（2011年9月，菊地俊夫撮影）

図3　伊豆大島ジオパーク観光の目玉の1つである三原山の火口（2015年5月，菊地俊夫撮影）

東京の地下鉄

●**巨大で複雑な地下ネットワーク**　東京の地下には，山手線内を中心に300kmに及ぶ巨大な地下鉄ネットワークが形成され，地下駅と地上出口やビルとをつなぐ地下通路が複雑に張り巡らされています。1日約1,000万人が利用する東京の地下鉄（東京メトロ9路線，都営地下鉄4路線）は，約3,800万人が生活する東京大都市圏を支えるインフラストラクチャー（社会基盤）として，建設当時の時代の要請によりつくられてきました。

●**最初の地下鉄開業**　東洋初の地下鉄は，1927（昭和2）年に東京地下鉄道（株）により浅草-上野間で開業しました[1]。鉄道の起点であった新橋と当時の繁華街である浅草とを結んでいた馬車鉄道の走るルートは，新たな鉄道の整備が期待されていました。「地下鉄の父」といわれる早川徳次は，ロンドンの地下鉄を視察して浅草-新橋間の地下鉄建設に奔走し，資金難からまず浅草-上野間を開業させました。その後，沿線百貨店から資金面での援助を仰ぎながら1934（昭和9）年に新橋まで開業しました。ちなみに銀座線と半蔵門線の三越前駅の駅名は三越百貨店が駅の建設工事費を負担したことによります。

　一方，五島慶太が専務取締役を務める東京高速鉄道（株）は，1939（昭和14）年に渋谷から新橋までの地下鉄を開業させ，同年には浅草-渋谷間の直通運転となり現在の銀座線が全線開業しました。銀座線は，1941（昭和16）年に東京メトロの前身である帝都高速度交通営団が設立されて国の管理となりました。

●**財政難でも建設された丸ノ内線**　第二次世界大戦後は，下町から山の手への人口の移動で東京西郊から都心への通勤者の増加が著しく，国鉄中央線の混雑が問題となりました。そこで，戦後初の地下鉄として丸ノ内線が計画され，1954（昭和29）年に池袋-御茶ノ水間が開業しました。財政難の時代にあり，建設費抑制のため，淀橋台の谷を通る四ツ谷付近と豊島台地の裾にあたる後楽園-茗荷谷付近は地上を走るルートとなっています。

　初期に建設された銀座線と丸ノ内線は，第三軌条方式といわれる側線から電気を集電する方式で，車両にパンタグラフはなく，ほかの地下鉄路線と相互に乗り入れることはできません。

●**鉄道の相互直通運転**　1960年代に入ると高度経済成長によりニュータウン開発など郊外の住宅開発が進められ，都心への人の流れが加速しました。1956（昭和31）年には「都市交通審議会第1号答申」に郊外通勤鉄道と地下鉄の相互直通運転が示されました。この相互直通運転が，現在の東京の発展を支えてきました[2]。

　最初は，京浜急行電鉄と都営浅草線と京成電鉄の3線での相互直通運転の計画でした。京浜急行電鉄の軌道幅は，新幹線と同様の標準軌（1,435mm）であったことから，都営浅草線は標準軌で建設されることとなり，京成電鉄は標準軌への軌道幅の改良工事を行い，1960（昭和35）年に初の地下鉄の相互直通運転が実

現しました。都営浅草線以降の地下鉄は，相互乗り入れする鉄道と集電方式を合わせるため，銀座線と丸ノ内線の第三軌条方式ではなくパンタグラフから集電する方式としています。

東京メトロでは，日比谷線が相互直通運転の第一号となり，1962（昭和37）年に北千住駅で東武鉄道との直通運転を開始しました。東京メトロでは，その後に建設された東西線，千代田線（図1），半蔵門線，有楽町線，南北線，副都心線の全ての路線で相互直通運転が実施されています。

都営地下鉄は都営新宿線が京王線と，都営三田線は東急目黒線と相互直通運転を実施しています。都営三田線の軌道幅は東京メトロと同様の 狭軌（1,067 mm）ですが，都営新宿線は京王線に合わせて1,372 mm としたため，都営地下鉄の3路線（浅草線，三田線，新宿線）は軌道幅が異なり相互に乗り入れることができません。また，都営大江戸線は，建設費を

節減するため磁気により駆動する「リニアメトロ方式」を採用したため，他の鉄道路線との相互直通運転ができません。

●東京の地下鉄を使いこなす　こうして創りあげられた東京の巨大な地下鉄ネットワーク（図2）ですが，東京メトロと都営地下鉄で運賃が異なる，乗り換えが複雑といった点で特に外国人旅行者にわかりくいという問題を抱えています。近年では，切符を買わずに改札を通過できる IC カードが導入され，インターネットで駅の出口や時刻表に加え，乗り換えルートや列車走行位置の情報がリアルタイムで取得できるようになりました。こうした新たな技術を活用して，複雑な東京の地下鉄を使いこなすことができます。

（谷貝　等）

参考文献

1）和久田康雄（1987）：『日本の地下鉄』，岩波書店

2）矢島　隆・家田　仁 編著（2014）：『鉄道が創りあげた世界都市・東京』，計量計画研究所

図1　千代田線の地下出入口（代々木上原付近）（2019年4月，谷貝等撮影）

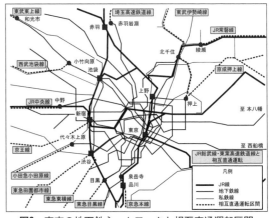

図2　東京の地下鉄ネットワークと相互直通運転区間

第7章 東京の経済

豊洲の造船所跡地にできた商業施設。造船所の
ドックを活用している。(2017年6月,矢部直人撮影)

1990年代以降,東京大都市圏の経済は大きな変化を経験してきました。一口に
経済といっても様々な側面がありますが,本章では東京大都市圏における土地利
用を見ることによって,産業構造の変化について考えてみたいと思います。

7.1 東京大都市圏における1990年代以降の土地利用変化

1990年代以降,世界的な空間スケールではアメリカ合衆国と旧ソ連の間の
冷戦が終結したことや,インターネットに代表される情報通信技術が発展した
ことなど,大きな変化がありました。このような変化により,人やモノ,情報
がグローバルな規模で流動する,いわゆるグローバル化が加速しています。同
様に日本国内の空間スケールでも,第二次世界大戦後の経済発展を支えた様々
な仕組みが,新しい状況に対して変化を余儀なくされているように思います。
社会のあらゆる領域が変化しているようにも見えるので,どの変化に注目して
考えればよいかわからなくなるときもあるほどです。そういう場合,目に見え
る景観の変化は,身近な手がかりとしてわかりやすいかもしれません。私たち
が普段目にする景観は,住宅地であったり,田んぼであったり,あるいは高層
ビルの建ち並ぶオフィス街であるかもしれません。このような住宅地や田ん
ぼ,高層ビルといった地表の景観は,それぞれの土地がどのように利用されて
いるかを端的に示しています。地理学ではしばしば使われる,この土地利用を
分類して示した図,つまり土地利用図から,東京大都市圏における経済の変化
を捉えていくことにしましょう。

工場の減少　　企業活動がグローバル化することによって起こる土地利用変

化の例が，工場の減少です。例えば，これまで製品を製造していた国内の工場を人件費の安いアジアへ移すと，国内の工場は閉鎖されることがあります。ほかにも，企業の合併や事業の見直しがされることにより，国内の工場が統合・閉鎖されることもあります。このような工場の閉鎖が東京大都市圏のどこで起きているのか，1994年から2014年の土地利用変化を示した図を見ていきましょう。

　図7.1は，東京大都市圏の範囲について，1994年に工場だった土地の2014年における土地利用を示した図です。この図では，土地利用を，一辺が約100 mの長方形のメッシュに区切って表しています。この図を見ると，特に都心の近くで，工場以外の土地利用に変化しているところが多く，変化が激しいことがわかります。都心の東側にある江東区や江戸川区などでは工場のほとんどが，ほかの土地利用に変化しているようです。例えば江東区の中では，東京湾に面した豊洲で石川島播磨重工業(株)（現・(株)IHI）の造船所が，高層のオフィスビルやマンション，商業施設に変わっています。また，都心の南西方向にある品川区や大田区，神奈川県の川崎市でも，工場の多くがほかの土地利用に変化しています。例えば川崎市では，NEC（日本電気(株)）などの工場があった武蔵小杉が，超高層マンションが建ち並ぶ人気の住宅地に一変しまし

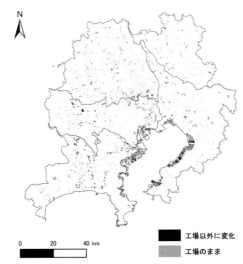

図7.1　1994年に工場だった土地の2014年における土地利用
（「細密数値情報」および「国土数値情報」により作成）

た。

　一方で，都心から離れた郊外の方へ目を向けると，1994年に工場だったところは，2014年もそのまま工場であるところが目立っています。特に大きな工場は，そのまま工場として使われているところが多くなっています。ただし，工場から物流施設に変化したところも，そのまま同じ工場として土地利用の分類がなされているようです。例えば，羽田空港の近くにあった(株)荏原製作所の工場は，ヤマト運輸の物流施設に変わったのですが，同じ工場として分類されています。そのため，同じ工場という土地利用の分類項目のままでも，製造業の工場から，運輸業の物流施設に変化しているところがあるようです。また，東京の多摩地区で1か所，大規模な工場が工場以外に変化しているところがありますが，これは日産自動車(株)の村山工場が閉鎖した跡地です。工場跡地の一部にはイオンのショッピングモールができていますが，ほかの跡地は空き地のままになっています。

　1994年から2014年の20年間において，工場という土地利用が変化した割合を，数値で集計してみましょう。1994年に工場だったところが，2014年にも工場のままのところは全体の49%です。つまり，この20年間で東京大都市圏における工場の約半分がほかの土地利用に変化していることになります。ただし，先ほども述べたように，工場から物流施設に変わってもそのまま工場として分類されているので，実際には製造業の工場はもっと減っています。工場から変化した先では，低層建物に変化したものが全体の25%を占めています。全体では工場から低層建物に変わる場合が多いようです。次いで，空き地・荒れ地に変化しているのが全体の11%です。これは，工場からほかの土地利用に変化する前の一時的な土地利用と考えられます。さらにそれに次ぐのが全体の5%を占める高層建物です。工場から高層建物へ変化するのは，江東区など都心の近くに集中する傾向がありますが，これは主に高層のマンションが建っていると思われます。

　農地の変化　　次にもう1つの土地利用変化として，農地の変化を見ていきましょう。図7.2は，1994年に田畑だった土地の2014年における土地利用を示した図です。一見してわかるのは，田畑は工場よりも変化が少ないということです。数値を集計すると，1994年に田畑だった土地は，その69%が2014年にも田畑のままでした。ほかの土地利用への変化では，23%が低層建物へ変化しています。これは，バブル経済崩壊後，大都市圏の外側への拡大は一段落し

て都心回帰の動きが見られるものの，引き続き一定の農地は市街化されている
ことを示しています。

　まとまった大きさの田畑が，田畑以外に変化しているところを見ていきま
しょう。東京湾アクアラインが通る千葉県の木更津市の一部では，田畑がアウ
トレットモールへ変化しました。また，埼玉県越谷市の中では，田畑からイオ
ンレイクタウンという巨大なショッピングモールへと変化しているところがあ
ります。

　大規模な商業施設への変化のほかにも，新たに整備された交通施設の周辺
で，まとまった変化が起きているところもあります。2005年に開業したつく
ばエクスプレスの駅周辺では，特に茨城県内において，まとまった大きさの田
畑が変化して市街地が形成されました。また，圏央道や外環道など，新しく整
備された高速道路のインターチェンジ周辺で，田畑以外の土地利用に変化して
いるところもあります。このようなインターチェンジの周辺では，主に工業団
地が造成されていますが，工業団地には工場だけではなく物流施設もつくられ
ています。

　衰退する産業と成長する産業　　以上，工場や農地に注目して，1994年から
2014年の20年間の土地利用変化をみてきました。工場については，東京大都

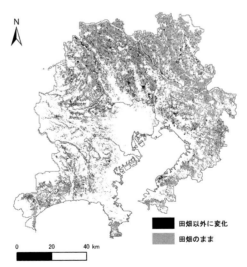

図7.2　1994年に田畑だった土地の2014年における土地利用
（「細密数値情報」および「国土数値情報」により作成）

市圏における工場の半分以上がなくなったという大きな変化があることがわかりました。この減少の要因は，工場が海外へ移転していることのほかに，国内のほかの工場へ移転・統合されている場合もあります。産業の中で大きな存在感を占めていた製造業の生産現場が，減少しているのです。一方，工場と農地の土地利用変化に共通するところでは，大規模な商業施設や物流施設がつくられていることがわかりました。物流施設が増加する要因の1つは，近年，インターネットによる通信販売が増加したことがあります。このインターネットに関わる産業は，近年成長している産業として注目されています。次に，この産業をみていきましょう。

7.2　東京大都市圏における IT 産業の立地

　1990 年代以降に世界的な空間スケールで起きたこととして，先に情報通信技術の発展を挙げましたが，この動向と関連して，いわゆる IT（情報技術）産業が成長することになります。IT 産業は企業向けにサービスを提供する産業である，対事業所サービス業として捉えることもできます。身近な例を挙げると，例えば飛行機の切符を予約するときに，インターネットのホームページから予約することがありますが，このインターネット上の予約システムは IT 産業で開発されています。予約システムは航空会社が自ら開発するというよりは，システム開発の技術をもった専門の企業に発注することになるのです。このような企業はどこに立地するのでしょうか。

　IT 産業の立地　図7.3 には，IT 産業に相当する，2014 年の情報通信業の従業者数を 1 辺が約 500 m のメッシュに区切って示してあります。成長する産業を捉えるためには 1990 年代からの従業者数の変化を見たいのですが，企業に関する統計調査の調査方法が変わってしまったため，従業者数の変化を直接比べることができなくなってしまいました。そのため，2014 年の一時点の分布のみを示しています。

　この図を見ると明らかなように，IT 産業は都心部に著しく集中していることがわかります。都心 3 区を中心に，副都心の新宿や渋谷にも立地が見られます（図7.4）。郊外の横浜などにも一部の企業があることもわかりますが，都心部の集積に比べると大きな差があります。製造業の工場は東京大都市圏の郊外までに広く分布していたのに対して，IT 産業は郊外にはあまり立地していま

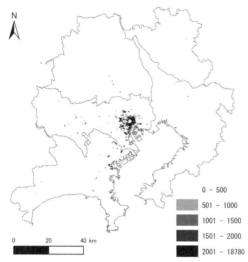

図7.3　東京大都市圏における情報通信業従業者数の
分布(2014年)(「経済センサス」により作成)

0 – 500
501 – 1000
1001 – 1500
1501 – 2000
2001 – 18780

0　　20　　40 km

図7.4　再開発が進む渋谷駅周辺(2019年11月撮影,矢部直人)
右側の高層ビルには世界的な IT 企業が入居する。

せん。これはなぜなのでしょうか。

　既存の研究[1],[2] で指摘されている1つの理由は,この産業では人と人が直接
会って話す対面接触が重視されているから,というものです。例えば予約シス
テムを開発する際には,顧客となる企業とサービスを提供する IT 企業の担当
者同士が,直接会ってどのようなシステムをつくるか相談が必要になります。
電子メールやテレビ電話などの伝達手段もありますが,対面接触の情報量や柔
軟性に比べれば劣ります。システムの細かい仕様を詰めるためには,対面接触

が必要になるのです。頻繁に対面接触をするのであれば，顧客の近くに立地したほうが効率は良くなります。そのため，顧客が集中する東京都心部にIT産業も立地するようになります。

7.3　東京大都市圏における産業構造の変化

　本章では，東京大都市圏における1990年代から2010年代にかけての変化を主に土地利用に注目して見てきました。土地利用の変化からは，製造業の工場が半分以上減っていることがわかりました。先進国では共通に見られる脱工業化の動きは，東京大都市圏でも例外ではないようです。また，工場と農地の土地利用変化に共通するものとして，大規模な商業施設や物流施設がつくられていることもわかりました。一方，製造業の代わりに成長している産業として，対事業所サービス業の中に含まれるIT産業を取り上げました。IT産業は立地に特徴があり，都心部に著しく集中する傾向がありました。

　東京大都市圏におけるここ20年間ほどの産業構造の変化は，製造業の特に生産現場が減少する一方，IT産業のような対事業所サービス業が成長するという点に特徴があるようです。対事業所サービス業にはITの他に法律や会計，マーケティングなども含まれます。これら対事業所サービス業の主な顧客は企業の中枢管理部門であり，この部門は多くの場合本社にあるため，本社が集中する東京において対事業所サービス業への需要が高まるのです。このような産業構造の変化は，世界都市論という分野で論じられてきました[3),4)]。特に日系の多国籍企業本社が集中する東京では，1990年代以降，世界都市論で論じられていた産業構造の変化が本格化してきたといえます。

　この産業構造の変化を空間的に見ると，製造業の工場が都心とその周辺で著しく減少する一方，成長するIT産業が郊外ではなく都心に集中するという形で現れています。産業構造の変化は，空間的には，都心とその周辺に強く表れているように思われます。一方の郊外では，工場や農地といった生産に関わる空間から，商業施設あるいは商品の流通を支える物流施設といった，消費に関わる空間に変化していることが目立ちました。郊外の大規模なショッピングモールやアウトレットモールが人気を集めるかたわらで，郊外の駅前にある百貨店は閉店するところが増えています。このような新旧商業施設の交代は地方都市でも見られますが，東京大都市圏の郊外においてもよく似た現象が起こっ

ているのは興味深いです。東京大都市圏の郊外においても人口が減少に転じた自治体は多くあり，今後，地方都市と似たような現象が引き続き起きてくるのかもしれません。都市の変化を様々な角度から考察する試み[5]は，引き続き今後も重要になるでしょう。

（矢部直人）

参考文献

1 ）福井一喜（2016）：「東京のベンチャー IT 企業をめぐる情報技術者コミュニティの役割－東京の大規模会合の分析を通して－」．『経済地理学年報』，62，pp.87-101

2 ）矢部直人（2005）：「東京大都市圏におけるソフトウェア産業の立地－ネスティッドロジットモデルによる分析－」．『地理学評論』，78，pp.514-533

3 ）町村敬志（1994）：『「世界都市」東京の構造転換－都市リストラクチュアリングの社会学－』，東京大学出版会

4 ）伊豫谷登士翁 監訳（2008）：『グローバル・シティ－ニューヨーク・ロンドン・東京から世界を読む－』（サスキア・サッセン 著），筑摩書房

5 ）日野正輝・香川貴志 編（2015）：『変わりゆく日本の大都市圏－ポスト成長社会における都市のかたち－』，ナカニシヤ出版

東京の銀座

●**2つの銀座**　東京には2つの種類の銀座があります。1つは銀座1丁目から8丁目にかけての由緒ある商業地としての銀座です。そして，もう1つが，いわゆる「○○銀座」と名前のつく銀座商店街です。それらは性格が異なるものの，どちらの銀座も東京にとって重要な商業地となっています。ここでは，2つの銀座についてみていきます。

●**銀座の歴史と変貌**　銀座一帯は，元々は江戸前島の農村地域でした。しかし，慶長17(1612)年に幕府の銀貨鋳造所が駿府から移設され，それに合わせて多くの関連商店も建設されました。そのことにより，銀座は職人や商人の居住する町人地として市街化されました。地名としての銀座は，その銀貨鋳造所である銀座役所に由来します。明暦3(1657)年の明暦の大火以降，街区の再整備で多くの商店が通りに面したことから商業機能が高まり，銀座は江戸の重要な商業地の1つとして発展しました[1]。

　明治期になると，東に隣接する築地に外国人居留地が建設され，南側には新橋停車場が開業して国際都市であった横浜とのアクセスが向上したことで，銀座にも欧米の文化や気風が流入してくるようになります。また，1872（明治5）年には銀座一帯で大火が発生したこともあり，銀座通りに面した建物はジョージアン様式のレンガ造りの建物に建て替えられ，いわゆる銀座煉瓦街が形成されました。銀座煉瓦街にはカフェやビアホールなど洋風文化に基づく商業機能が発展し，店頭には商品を飾るショーウィンドーがつくられました。また，通りには当時日本では珍しかった歩道やガス灯も配置されました。このような要素や設備は，西洋風の景観にもとづく非日常空間を演出し，人々に銀座を見て歩く楽しみを与えるようになりました。

　その後，大正期に入り関東大震災の被害を受けて煉瓦街は消滅しますが，復興後はネオンサインの輝くビルが建ち並ぶモダンな商業地へと変貌していきます。第二次世界大戦後は企業のショールームが集積する一方で，メディアによる商業地としての銀座の紹介も盛んになりました。そのため，1970年代頃から貴金属や高級ブランドの路面店が進出するようになりました。そして，現在にまで続く高級なブティックやブランド店，飲食店が立ち並ぶ一大商業地となります。このように，銀座は江戸時代の町人地から明治期の煉瓦街を経て，人々の「見る」楽しみをもった商業地へと変貌を遂げるとともに，「銀座」という高級商業地としての土地ブランドを確立してきました（図1）。

●**東京の銀座商店街**　そのような華やかな銀座の雰囲気とは異なるにぎわいを醸し出す場所として，東京にはもう1つの銀座商店街が存在しています。銀座商店街の始まりは，東京都品川区の戸越銀座であるとされています。戸越銀座の「銀座」は，関東大震災により発生した銀座のレンガがれきを水はけの悪かった商店

街の道路舗装として使用したことに加え，東京の商業地の代表格である銀座のように栄えるようにとの思いから名づけられました（図2）。その後，銀座の繁栄にあやかって名称に「銀座」を使用する同様の商店街が全国に増えるようになり，現在では東京都内だけでも約90の銀座商店街が存在しています。特に有名な銀座商店街はメディアや雑誌にも取り上げられており，前述の戸越銀座，および北区の十条銀座と江東区の砂町銀座は，東京の三大銀座商店街として親しまれています。

　これらの銀座商店街は，近隣住民にとっての最寄り品を購入する日常の場であるだけでなく，商店の軒先で販売される惣菜やスイーツを食べ歩きしながら下町の雰囲気を楽しむ観光地としても人気があり，旅行会社によるツアーも組まれるほどです。銀座が非日常的な空間を「見る」楽しみを人々にもたらす一方で，銀座商店街は日常的な空間で「買う」楽しみや「食べる」楽しみを人々にもたらしています。つまり，銀座商店街は日常的な空間が観光地となった典型的な例といえます。今後このような日常的な空間が外国人観光客にとって魅力的な場所になるかもしれません。

●「銀座」商店街の盛衰　しかし，近隣への大型スーパーやショッピングモールの進出によって衰退する商店街や，商店街内にチェーン店舗が進出することで個性のある個人店舗が失われてしまう商店街も見られます。そのため，現在では地元商店会やNPO団体，地元住民などの協力のもと，独自コンセプトによる商店街づくりや空き店舗の有効活用など，集客維持への努力に積極的に取り組み，成功している商店街も出てきています。その鍵は土地の性格を生かした商店街づくりにあり，三大銀座商店街の成功もそこにあります。東京における2つの銀座は，東京の多彩な商業地を構成する要素としてこれからも続いていくことでしょう。

（飯塚　遼）

参考文献

1）岡本哲志（2006）：『銀座四百年―都市空間の歴史―』，講談社

図1　銀座のにぎわい（2019年5月，飯塚遼撮影）

図2　戸越銀座のにぎわい（2019年5月，飯塚遼撮影）

東京の都市農業

●**都市の中の農業**　東京には高層ビルや商業施設，あるいは住宅などの都市的土地利用とともに，都市農業や近郊農業としての農村的土地利用が残されています。

　都市農業は都市住民の身近な農村空間を形成するものとして，近年その役割が再評価されています。特に，都市農地は農作物の栽培によって緑地空間となり，人々の憩いの場としての余暇空間にもなります。また，農地は災害時には避難場所にもなり，その多面的機能が見直されています。2015年には都市農業振興基本法が施行され，法制度においても，良好な都市環境を形成するために都市農業を維持・存続させることが求められています。

●**東京の都市農業の歴史**　東京の都市農業の起源は江戸時代にさかのぼります。その当時江戸では，江戸城改築や市街地開発に従事する労働者の流入，あるいは参勤交代などにより人口が急増しました。急増する人口に対応するため，幕府は農産物生産を奨励し，農村に米麦の生産を強制する一方で，蔬菜類の生産は近郊の農村に依存していました。その結果，江戸周辺では，蔬菜類と根菜類の栽培を中心とする都市近郊農業が発展しました。

　明治期以降になると鉄道路線の発達とともに郊外化が進み，大正期には関東大震災からの復興で郊外化の傾向がさらに強まりました。そして，郊外化によって農地は次第に宅地化されていきました。また，第二次世界大戦後になると，住宅不足と高度経済成長期の東京への人口集中が相まって，農地は宅地や工業用地，商業用地などの都市的土地利用へと急速に転換されていきました。しかし，一部の農家と農地は市街地に取り囲まれながらも残存し，現在の東京における都市農業の形態が出現しました。

●**東京の都市農業の特色**　東京の都市農業の特色は，消費者となる都市住民が身近に存在するという環境にあり，消費者のニーズに対応した農業経営の形態を取れることにあります[1]。消費者のニーズに対応した農業形態は，2つの形態に大別できます。1つは，庭先販売所や農協（JA）などの農産物直売所への出荷を中心とする農業です。そして，もう1つは観光農園や農業体験農園などのレクリエーション農業です。

　まず，農産物直売所への出荷は立川市や小平市などの多摩地域の農家を中心に行われています。それらの農家では1ha前後の農地をうまく活用しながら，ホウレン草やコマツナなどの蔬菜やダイコンやニンジンなどの根菜，あるいは梨やブルーベリーなどの果樹を組み合わせ，小さな圃場でそれらを少しずつ栽培しています（図1）。多くの農家は年間30種類程度の作物を栽培しますが，一部には50種類から60種類もの作物を栽培する農家もあります。直売所に出荷する農家は，このような多品目少量生産を行うことによって旬の時期に合わせた年間の販

売計画を立て，消費者のニーズに対応しているといえます。

　一方，レクリエーション農業は練馬区や世田谷区などの都心外縁部の農家で盛んに行われています。練馬区では，利用者が農家から農作業について講習を受けることができる農業体験農園が都市住民に人気となっています。そこでは，都市住民が安心・安全な農作物の入手手段として，農作業を学ぶ目的で，あるいは子どもの教育や余暇の目的で農園が利用されています（図2）。農業体験農園は市民農園と異なり，利用料が直接的に農家の収入となります。また，農業経営として

認められるため，相続税の納入猶予が受けられるなど，農家にとってもメリットがあります。加えて，農業体験農園は農家が中心となって運営するため，農家を軸に都市住民との新たなコミュニティが形成されやすい傾向にあります。つまり，農業体験農園は都市住民にとって身近な農村空間になっているのです。

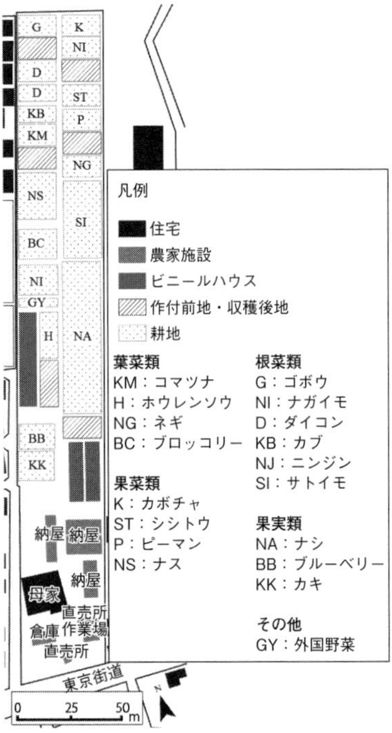

●**東京の都市農業のこれから**　東京の都市農業は都市化に大きく影響を受けながらも，都市住民との近接性や交流を活かして存続しています。さらに近年では，江戸東京野菜に代表される伝統野菜や海外品種の野菜を特約栽培したり，有名レストランとの契約栽培で高収益を得たりしている若手農家も出現しています。若手農家の多くは企業勤務を経験しており，農業経営に関する先端情報を入手しながら，経営的才覚をもって農業を行っています。彼らの存在はまた都市農業の未来を明るいものにしています。

（飯塚　遼）

参考文献

1 ）飯塚　遼・太田　慧・菊地俊夫（2019）：「都市住民との交流を基盤とする都市農業の存続・成長戦略―東京都小平市の事例―」.『地学雑誌』, 128, pp.171-187

凡例

■：住宅
▨：農家施設
▧：ビニールハウス
▨：作付前地・収穫後地
▦：耕地

葉菜類
KM：コマツナ
H：ホウレンソウ
NG：ネギ
BC：ブロッコリー

果菜類
K：カボチャ
ST：シシトウ
P：ピーマン
NS：ナス

根菜類
G：ゴボウ
NI：ナガイモ
D：ダイコン
KB：カブ
NJ：ニンジン
SI：サトイモ

果実類
NA：ナシ
BB：ブルーベリー
KK：カキ

その他
GY：外国野菜

納屋　納屋
納屋
母家
直売所
倉庫作業場
直売所
東京街道
0　25　50 m

図1　小平市における直売所農家の圃場利用（文献[1]の図を改変）

図2　練馬区の農業体験農園（2009年 9 月，飯塚遼撮影）

裏原宿とファッション

●**裏原宿とは** 裏原宿とは，原宿の表通りから裏に入ったところにある地域を指します。具体的には，表参道や明治通りといった大通りから，1本裏通りに入ったところです（図1のあみかけの部分）。特にこの地域を流れる渋谷川の暗渠（あんきょ）の上にある，通称キャットストリートとよばれる道路沿いが裏原宿の中心になっています。図1では，原宿駅から東へ500mほど進み，南西から北東に向けて直線的に延びている明治通りを渡ったところが，裏原宿になります。現在の裏原宿は，東京の中でも1，2を争うアパレル小売店の集積があり，特にファッション好きの若者が多く集まる街です。この街に集まるのは日本人だけではなく，海外のデザイナーがこの街のファッションの動向を見に訪れたり，海外の観光客も訪れたりするように，広く世界からも注目を集める地域になっています。

●**小売店が集積するきっかけ** 1990年代半ば頃から，裏原宿にはファッション関連の店舗が集まるようになってきました。特に，ある若手のデザイナーが自らつくった服を並べる店舗は，熱狂的な人気を集めて，裏原宿を一躍全国区にしました。この若手のデザイナーが出店したことが，現在までつながる裏原宿の小売店集積のきっかけの1つといってよいでしょう。

この若手のデザイナーが出店するにあたっては，1970年代から原宿のファッ

ションを引っ張ってきた，年輩のデザイナーのサポートがあったといわれています。また，裏原宿は大通りに面しているわけではないので，店舗の家賃が安いことも若手デザイナーが出店するにあたっては好条件であったと思われます。この店舗が成功したことにより，他のアパレル店舗もこの地域に出店することで，大規模な集積ができていきました。

●**アパレルの企画** 裏原宿に出店している店舗の多くは中小規模の企業で，自らアパレルの企画を手がけています。アパレルの企画をする際には，まずデザインを決める必要があります。このデザインを決める段階では，裏原宿に集まる消費者が重要な役割を果たしています。

店舗への聞き取り調査によると，服のデザインを決めるときに参考にする情報として，「裏原宿を歩く人の服装を参考にする」との答えが多く聞かれました[1]。街を歩く人の服装からは，今まで考えもしなかった色や柄の組合せなど，デザインする際のヒントになる情報が得られるようです。

裏原宿に集まる人は，ファッション好きな人が集まる街へ繰り出すということで，他人の視線を意識してかなり気をつかったおしゃれをしてきます。裏原宿には，洗練された格好の消費者が集まるといってよいでしょう。そのため，服をつくるデザインの参考として，貴重な情報源となります。

●**アパレルの製造** では，アパレル小売店は，デザインを決めた後，どのように製造するのでしょうか。デザイナー自ら

が少量ではありながら服を製造している店舗もあるようですが，多くは商社に製造工程を依頼するようです。商社は，海外の工場などに縫製などの服の製造工程を発注して，服をつくります。

　裏原宿の近くには，このような商社が集まっている地域があり，図1では原宿駅から北東に進んだところに，衣服卸売業が集まっている地域が確認できます。服をつくる打ち合わせをする際には，デザイナーと商社の担当者が直接会って相談することもあるため，小売店の集積に近い場所に商社が集まっているとも考えられます。裏原宿とその周辺には，ファッションの企画から製造を仲介する機能までが集積しているといえます。

●**今後の見通し**　しかし，現在の裏原宿を歩くと，地価が高騰していることもあり，以前ほど若手のデザイナーが出店することは多くないようです。それに対して，外国人観光客を目当てにしたような日本の大手ファッションブランドの店も目立っています。人口減少に伴い，日本人の若者が減っているのであれば，海外のファッション好きの若者を惹きつけて，そのファッションセンスをアパレルの企画に活かしていくことも，必要なことなのかもしれません。　（矢部直人）

参考文献

1）矢部直人（2018）：「東京・裏原宿におけるアパレル小売店の集積に関する研究」．『ツーリズムの地理学―観光から考える地域の魅力―』（菊地俊夫　編著），pp.18-27，二宮書店

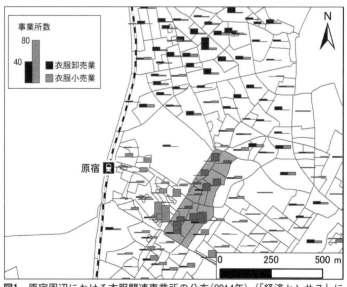

図1　原宿周辺における衣服関連事業所の分布（2014年）（「経済センサス」により作成）

東京の町工場

●**町工場とは**　東京の街を歩いていると，住宅街の中に板金加工や金属研磨などの小さな工場を見つけることがあります。そのような市街地に立地する小規模工場のことを一般に町工場とよんでいます。そもそも町工場は大手企業の部品の下請け生産を中心として発展し，東京における産業の下支えを担ってきました。しかし，産業構造の変容やハイテク化，グローバル化が同時に進展する現在，大手企業との契約生産に支えられてきた町工場の在り方にも大きな変化が生じています。また，最近では小説やテレビドラマでも町工場が取り上げられており，人々の町工場に対する関心も高まっています。

●**町工場の発展**　東京における町工場の数に関する正確なデータは残念ながら存在しません。しかし，工業統計調査からある程度その数を推測することができます。それによると，2016 年の時点で東京都内にある製造業者は 29,615 事業所であり，そのうち 91.6% にあたる 27,126 事業所が従業者数 19 人以下の小規模企業となっています。つまり，東京における製造業者の多くは小規模企業の町工場によって支えられているといえます。

　同じ工業統計調査から 2017 年における市区町村別の製造業の事業者数をみると，上位 5 位は多い順に大田区，足立区，墨田区，江戸川区，葛飾区になります。これらの区はいわゆる下町地域であ

り，中小零細企業が集中し，多くの町工場が立地しています。中でも事業所数が 1,200 か所で第 1 位の大田区は，「町工場の街」として認知されています。

　大田区では，関東大震災以降，農村地域の耕地整理により工場用地が整備され，工業が萌芽するようになりました。その後，第二次世界大戦と朝鮮戦争の軍需を契機にして，機械工業が発展しました。しかし，戦争特需の終了やそれに伴う景気の悪化，さらに大企業の下請け生産への移行などにより，多くの工場は一定規模をもったまま経営を維持することが難しくなり，1960 年代には職人の解雇や工場の倒産が相次ぎました。

　そのような状況において，1950 年代の集団就職によって養成工となった職人たちが独立するようになりました。また，工場設備に関する技術の進歩により大がかりな設備が必要とされなくなったことや，当時，斜陽化しつつあった海苔生産の干場が工場用地に転用できたことを背景として，独立した養成工が職人として工業の担い手となり，彼らの「一人親方工場」とよばれる零細工場が急増しました[1]。

　一人親方工場では，職人自らが培った技術を活かして，特殊機械部品の生産が行われてきました。また，それぞれの工場では技術が専門化されているため，工場同士の生産ネットワークが形成され，個々の工場がまとまる地域がまるで 1 つの大きな工場のように機能しました。このような零細工場の増加と生産ネットワークの形成は 1980 年代まで続き，そ

れは大田区が「町工場の街」として認知されるまでに発展しました（図2）。

●町工場の衰退　1990年代のバブル経済の崩壊とそれに伴う不景気は，大田区の町工場に大きな影響を与えました。大企業はコストの削減を見込んで，より人件費の安価な海外に下請け工場を移設するようになり，大田区の町工場への発注は減少しました。大企業の下請けが生産の中心であり，工場同士の生産ネットワークによる分業システムが発達していた大田区では，町工場の数が大幅に減少しました。また，職人自身の高齢化も町工場の減少の要因となりました。

工場の跡地には住宅が建設され，残存する工場はマンションやアパートに囲まれながら操業する状況となっています。そのため，現在では多くの町工場が騒音のより少ない機械を導入したり，防音設備を備えた建物に改築したりするなど周辺の都市住民への配慮をしています。

●町工場の再生と現在　町工場が衰退する一方で，専門的な技術や工場同士の生産ネットワークの利点を活用しながら，

単なる下請けではなく，新たな付加価値をもった製品を協創する企業も現れています。そこでは，研究機関や起業家を含む異業種や異分野とのコラボレーションから，新しいビジネス機会が生み出されています。それは，まさに池井戸潤の『下町ロケット』の世界といえます。

さらに，町工場に対する理解を都市住民に深めてもらうプロモーション活動も行われています。大田区において産学官が連携して運営される「おおたオープンファクトリー」は，来訪者が一般に開放されていない町工場を見学し，生産技術を体験しながら気軽に学ぶことのできるイベントとして人気を得ています。このように，都市住民からの理解を得ることも，町工場の生産を円滑に行うためには必要になっています。工業地域の柔軟な対応が，現在の町工場を存続させる原動力になっているといえます。　（飯塚　遼）

参考文献

1）大田区立郷土博物館　編（1994）：『特別展　工場まちの探検ガイド―大田区工業のあゆみ―』，大田区立郷土博物館

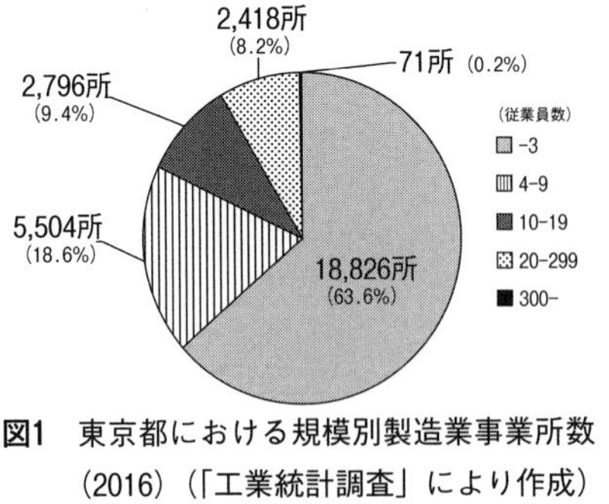

2,418所（8.2%）
71所（0.2%）
2,796所（9.4%）
5,504所（18.6%）
18,826所（63.6%）

（従業員数）
-3
4-9
10-19
20-299
300-

図1　東京都における規模別製造業事業所数（2016）（「工業統計調査」により作成）
注：3人以下の事業所については推計値

図2　大田区の町工場街（2019年5月，飯塚遼撮影）

第
8
章

東
京
の
観
光

台東区・浅草の三社祭にて，人々でにぎわう仲見世通り。

　　この章では観光地としての東京の特徴を，人（旅行者）や地域（観光資源，観光産業）の視点から見ていきます。そして，これからの都市戦略に重要とされるMICEとよばれるビジネスイベントの展開についても解説します。

8.1　東京を訪れる旅行者

　訪都旅行者の増加　　東京には国内外から観光やビジネスなどさまざまな目的で旅行者が訪れます。具体的にどのくらい多くの旅行者が訪れているのかを知るためには，図8.1に示されるような観光入込客数の統計データが役立ちます。2004年から2017年までの訪都旅行者数の推移を示した図8.1によると，訪都旅行者の数は国内からの日本人旅行者（訪都国内旅行者）と外国からの旅行者（訪都外国人旅行者）の双方で増加傾向にあることがわかります。ただし，2009年に調査基準が変更されたため，それ以前の値は参考程度とし，2010年以降の結果について詳しく見てみましょう。

　訪都国内旅行者の場合，2010年に4億5,717万人であったのが2017年には5億2,331万人へと6,614万人の増加がありました（増加率14%）。しかし，2012年頃からあまり大きな変化はなく，安定的に推移しているといえます。訪都国内旅行者の中では，日帰り旅行者が90%以上を占めています。宿泊旅行者はそれと比較すると少なくなりますが，訪都国内旅行者の絶対数が非常に大きいため，全国的に見ると宿泊旅行者の数も多くなります。国土交通省観光庁の全国観光入込客統計より観光スポットの種類別に東京の観光入込客数を見ると，2017年では都市型観光が70%と大部分を占め，続いてスポーツ・レク

リエーション（13%），歴史・文化（7％）となり，都市観光に対する需要が特に高いことがわかります。

　　外国人旅行者の特徴　　訪都外国人旅行者の場合，国内も含めた訪都旅行者全体の1％から3％と規模は小さくなっています。しかし，2010年から2017年までに594万人から1,377万人へと倍以上に増え，その増加率は132%にもなります。これは日本政府の推進していたインバウンド政策による効果と推察できます。また，この期間に日本を訪れた外国人旅行者の数と比較すると，およそ50%から70%が東京に訪れているという計算になることから，東京は外国人旅行者にとって最も重要な目的地の1つであるといえます。国土交通省観光庁の宿泊旅行統計より訪都外国人旅行者の国籍別の内訳を見ると，2017年では中国，台湾，韓国など日本に距離的に近い東アジア圏からの旅行者の割合が比較的大きくなっています。一方，欧米圏ではアメリカ合衆国からの旅行者が最も多いのですが，これは観光目的での旅行に加え，ビジネスの中心である東京に業務出張で訪れる人々が多いためと推察されます。

　　送出地としての機能　　1,300万人を超える巨大な居住人口を有し，かつ整備された鉄道網や国際空港の立地など利便性の高い交通条件をもつ東京は，旅行者の一大送出地としての機能をもっています。例えば，図8.1の訪都国内旅行者のおよそ半分は都内在住の人々であることから，東京に居住する人々が自ら中心的な消費者として東京の観光市場を支えています。また，地方や地方都市，あるいは東京以外の大都市を訪れる国内の宿泊旅行者の多くは，東京都や

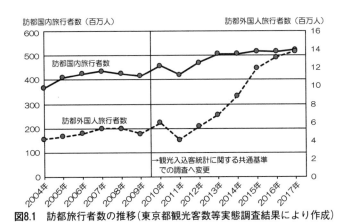

　　図8.1　訪都旅行者数の推移（東京都観光客数等実態調査結果により作成）
注：観光入込客数（実人数，単位：人回）の推計。

その近隣県を居住地としています。そして，法務省の出入国管理統計によると東京都の出国者数（海外旅行者数）は 2017 年で全国一の 379 万人となり，これは日本全体の出国者数の 21% に相当します。

8.2　観光資源と観光産業

　観光資源の分布　　東京における旅行者にとって，観光活動の中心となるのは都市観光です。しかし，区部だけでなく多摩地域や島嶼地域までを含めると，東京にはじつに様々な種類の観光資源が存在します。観光資源とは，各種

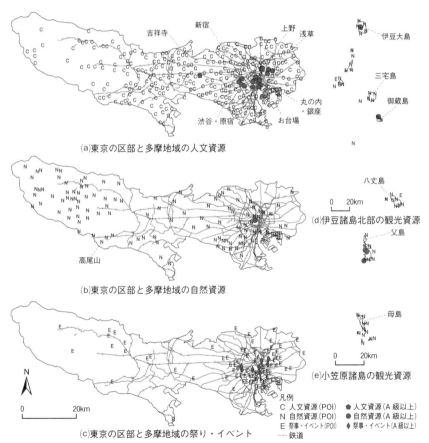

(a)東京の区部と多摩地域の人文資源

(d)伊豆諸島北部の観光資源

(b)東京の区部と多摩地域の自然資源

(e)小笠原諸島の観光資源

凡例
C 人文資源(POI)　● 人文資源(A級以上)
N 自然資源(POI)　● 自然資源(A級以上)
E 祭事・イベント(POI)　◆ 祭事・イベント(A級以上)
――― 鉄道

(c)東京の区部と多摩地域の祭り・イベント

図8.2　東京の観光資源の分布(MAPPLE の POI データ，国土数値情報の観光資源データにより作成)

表8.1　東京の代表的な観光資源（国土数値情報の観光資源データにより作成）

人文資源	タイプ		自然資源	タイプ
東京国立博物館	博物館・美術館		小笠原のクジラ	動物
国立西洋美術館	博物館・美術館		御蔵島のイルカ	動物
国立科学博物館	博物館・美術館		千鳥ヶ淵・牛ヶ淵のサクラ	植物
東京国立近代美術館	博物館・美術館		南島	海岸・岬
根津美術館	博物館・美術館		三原山溶岩群	岩石・洞窟
上野動物園	動植物園・水族館			
東京スカイツリー	建造物			
東京タワー	建造物		祭り・イベント	タイプ
国会議事堂	建造物		歌舞伎座で上演される歌舞伎	芸能・興行・イベント
東京駅	建造物		国技館で開催される大相撲	芸能・興行・イベント
明治神宮	神社・寺院・教会		国立能楽堂で上演される能・狂言	芸能・興行・イベント
浅草寺	神社・寺院・教会		末廣亭で上演される演芸	芸能・興行・イベント
原宿	集落・街		国立劇場で上演される歌舞伎・文楽	芸能・興行・イベント
江戸城跡	城跡・城郭・宮殿		鈴本演芸場で上演される演芸	芸能・興行・イベント
新宿御苑	庭園・公園		箱根駅伝	芸能・興行・イベント
浜離宮恩賜庭園	庭園・公園		三社祭	年中行事
三鷹の森ジブリ美術館	テーマ・公園テーマ施設			
築地市場	郷土景観			
小笠原の見送り	郷土景観			
隅田川橋梁群	その他			
銀座通り	その他			

の利用可能な資源が人々の観光の対象として顕在化されたものであり[1]，その土地の自然や文化を反映した特別な価値や魅力をもちます。そして観光資源の分布は地域の自然環境や都市環境と密接に関係します[2]。東京には，現代と歴史・伝統を象徴する人文資源が集積する区部と，豊かな自然環境が残る多摩地域や島嶼地域とがあり，全体として人文と自然の双方にまたがる観光資源の多様さが強みの1つとなっています。

　さて，図8.2と表8.1から，観光資源の分布傾向や代表的な資源の特徴を見てみましょう。ここでは，可能な限り東京の観光資源を網羅するために，MAPPLEのPOIデータを使用しています。加えて，東京の代表的な観光資源を示すものとして，国土数値情報として公開されている観光資源データを使用しています。後者に関しては，公益財団法人日本交通公社の設置した観光資源評価委員会が作成した観光資源台帳のうち特A級，A級の資源のデータと，国土交通省観光庁の観光地点等名簿の情報とが統合されたものになります。

　まず，人文資源は東京の区部に比較的多く分布していますが，多摩地域でも鉄道沿いや比較的区部に近い場所に分布しています。ただし，代表的な観光資源は区部に偏在しています。代表的な資源を見てみると，明治神宮（渋谷区）や江戸城跡（千代田区）といった歴史的な資源，東京スカイツリー（墨田区）のような高層建築，原宿（渋谷区）や三鷹の森ジブリ美術館（三鷹市）のよう

な日本独特の若者文化やコンテンツを魅力要素とする街並みや施設など，多彩です。そのほか，台東区の上野公園には，表 8.1 にある上野動物園，国立博物館，国立科学博物館，国立西洋美術館（世界文化遺産）をはじめとした優れた文化施設が集積しています。また，台東区内には浅草寺と雷門で有名な浅草も立地しています。

祭り・イベントは区部への集中傾向が人文資源の場合よりも顕著に表れています。代表的なものとしては，歌舞伎や大相撲など日本の伝統的な芸能やスポーツのほか，年中行事の三社祭（台東区）などが挙げられます。そのほか，花火大会，映画祭，花や食に関するイベント，クリスマスイルミネーションまで，東京では多種多様なイベントが開催されています。

自然資源は多摩地域や島嶼地域に多く分布していますが，区部でもまばらな分布が見られます。代表的な資源は，世界自然遺産に指定されている小笠原諸島とそこで見られるクジラや，三原山の溶岩群（伊豆大島）など，島嶼地域のものが目立ちます。しかし，多摩地域にも日帰りハイキングなどの自然体験を楽しめる地域が複数存在します。ミシュランガイドにも掲載されている高尾山（八王子市）は，登山者数世界一の山として知られています（年間登山者数は推定 300 万人[3]）。

観光産業の集積　観光産業は，旅行業と宿泊業を中心として，運輸業，飲食サービス業，製造業などにまでまたがる幅広い産業と捉えることが可能です。そのためか，総務省の日本標準産業分類では 1 つの業種として分類されていません。なお，東京は観光産業に関わる事業者の多さが全国トップクラスです。例として，観光産業の代表的業種である旅行業と宿泊業の現状について見てみましょう。

まず旅行業とは，旅行者と宿泊施設や鉄道・航空会社との間に位置し，旅行者に対して予約，手配，斡旋などのサービスを提供して利益を得る事業であり，旅行業法によってその業務範囲に基づき第 1 種旅行業，第 2 種旅行業，第 3 種旅行業，地域限定旅行業，旅行業者代理業に区分されています。第 1 種旅行業から順に扱える業務の種類が多くなります。国土交通省観光庁の公開しているデータによると，2018 年 5 月 1 日時点で日本全国の代理業を除く旅行業者の数は 9,684 であり，そのうちの 25% となる 2,412 の旅行業者が東京に集中しています。この数値は全国で最も多く，かつ 2 番目に旅行業者の多い大阪の約 3 倍になります。さらに，第 1 種旅行業に限っては，日本全国の旅行業者

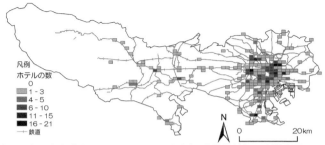

図8.3 東京の区部と多摩地域におけるホテルの分布（国土数値情報の宿泊容量メッシュデータにより作成）

の 57% が東京に集中しています。第 1 種旅行業は国内だけでなく海外を目的地とした募集型企画旅行まで扱うことができることが特徴です。居住人口や企業集積の規模が大きく，かつ様々な国や地域とつながる出入口の機能をもつ東京には多くの旅行需要が存在するため，それをターゲットとした旅行ビジネスも活発になります。

　宿泊業（または旅館業）は，旅館業法によって宿泊料を受けて人を宿泊させる営業と定義され，宿泊施設の種類によって，ホテル営業，旅館営業，簡易宿所営業，下宿営業に区分されます。厚生労働省の衛生行政報告例によると，2018 年 3 月 31 日現在で東京にあるホテル，旅館，簡易宿所，下宿の施設数はそれぞれ 718，1,306，1,196，13 です。これらをすべて合計すると施設数は3,233 となり，都道府県別の集計で全国第 6 位の施設数となります。ただし，ホテル営業だけに絞ると東京は全国一の施設数となります。これは，東京への業務出張に対応したビジネスホテルの立地がほかの道府県より進んでいることや，大都市という特性から国際的なシティホテルが都心に進出しているためです。図8.3 にある東京のホテルの分布を見ても，区部に偏在していることがわかります。また，国土交通省の宿泊旅行統計によると，2017 年の東京におけるビジネスホテルとシティホテルの延べ宿泊者数はそれぞれ全体の 57%，33% もの割合を占め，かつ年間客室稼働率はそれぞれ 85%，83% と高く，1年を通して多くの訪都旅行者に利用されていることがわかります。

8.3　東京における MICE の展開

MICE 誘致戦略　　世界経済のグローバル化が進み，都市間の国際競争が激

化する中，都市の魅力をアピールするための有効な手段としてMICEとよばれるビジネスイベントが注目されています。MICEとは，meeting（企業系ミーティング），incentive travel（報償旅行），convention（国際会議），exhibition（展示会）のそれぞれの頭文字をとった略語です。MICEは，人の集積や交流から派生するさまざまな価値を生み出すといわれ，その主要な効果にビジネス機会の創出とイノベーションの促進，大きな経済効果，都市の国際競争力の向上があります[4]。

東京は国土交通省観光庁によってグローバルMICE都市に選定されており，国際的なイベントの誘致に関わる都市力を強化するための各種支援がなされています。また，東京都産業労働局ではMICEの誘致戦略の目標として「MICE開催都市としての揺るぎないプレゼンスの確立」を掲げ，年間の国際会議開催件数において世界上位3位に入ることを目指し，主にグローバル対応の強化，東京の強みや資源の有効活用，多様な関係主体との連携促進，国内他都市との協力体制の構築に関する施策を行っています[5]。

国際会議開催の動向　　東京ではどれだけのMICEが開催されているのでしょうか。ここではMICEのうち，都市のプレゼンス向上への貢献という点で特に重要視される国際会議にしぼって，その開催件数の動向を見ることにします。国際会議の統計データは数種類ありますが，国内の動向を探るため，日本の専門機関によって提供されているデータを使用します。

日本の国際会議統計では，日本政府観光局によって，①主催者が国際機関・国際団体（各国支部を含む）または国家機関・国内団体，②参加者総数が50名以上，③参加国が日本を含む3居住国・地域以上，④開催期間が1日以上，

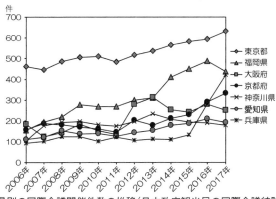

図8.4　都道府県別の国際会議開催件数の推移（日本政府観光局の国際会議統計により作成）

という基準をすべて満たす会議が集計の対象とされています。図8.4 の都道府県別の国際会議開催件数の推移を見ると，東京都は 2006 年以降，全国 1 位の開催件数を維持したまま，増加傾向にあることがわかります。2017 年では，最も多い 631 件を記録しており，この内の 96% が区部で開催されました。さらに，会場別では，東京大学（67 件），国際連合大学（64 件），東京国際フォーラム（27 件）での開催が特に多くなります。ただし，年間の参加者総数では，東京大学と国際連合大学が 1 万人前後であるのに対し，東京国際フォーラムが 70,033 人と抜きんでて多くなっています。丸の内に立地する東京国際フォーラムは，東京を代表するコンベンションセンターであり，最も広いホールの収容人数は約 5,000 人となります。その収容人数の大きさから，規模の大きい国際会議開催の需要に対応することが可能になっています。

MICE 拠点の形成 　MICE の誘致に必要な地域の条件として，会議・宿泊・商業・娯楽などに関する機能を有した施設が比較的狭い範囲の区域内に集積していることが重要となります。海外の競合都市では，そうした機能を一体化させた大型複合施設が整備されていますが，東京にはそのような施設は存在しません。その代わりに，MICE に関連する施設が集積している区域を MICE 拠点とし，受入環境を整えています。2019 年現在までに，丸の内，六本木，臨海副都心，日本橋，品川の 5 つの区域が東京ビジネスイベンツ先進エリアとして，八王子が多摩ビジネスイベンツ重点支援エリアとして，東京都産業労働局より指定されています。そして，各拠点が特有の資源を活かした MICE 関連事業を展開し，東京の MICE 振興を牽引しています。 　　　　　　（杉本興運）

参考文献

1) 溝尾良隆（2008）：「観光資源論─観光対象と資源分類に関する研究─」．『城西国際大学紀要』，16，pp.1-13
2) 杉本興運・菊地俊夫（2014）：「日本における観光資源分布の地域的特徴」．『地学雑誌』，123，pp.1-24
3) 総務省関東管区行政評価局（2018）：レクリエーションの森の利用・管理等に関する行政評価・監視　結果報告書［http://www.soumu.go.jp/main_content/000590860.pdf］（閲覧日：2019 年 3 月 30 日）
4) MICE 国際競争力強化委員会（2013）：我が国の MICE 国際競争力の強化に向けて─アジア No.1 の国際会議開催国として不動の地位を築く─　MICE 国際競争力強化委員会最終とりまとめ［http://www.mlit.go.jp/common/001169620.pdf］（閲覧日：2019 年 3 月 30 日）
5) 東京都（2015）：東京都 MICE 誘致戦略─揺るぎないプレゼンスの確立を目指して─［http://www.sangyo-rodo.metro.tokyo.jp/tourism/mice/pdf/150903honbun.pdf］（閲覧日：2019 年 3 月 30 日）

2つの東京オリンピック

●**幻の東京オリンピック**　2013年9月，2度目の東京オリンピック開催の決定というニュースに日本中が沸きました。同一都市での2回目のオリンピック開催はアジアでは初めてになります。しかし，東京オリンピック開催の「決定」が2度目というのは正確ではありません。第二次世界大戦前の1936年7月のIOC総会において，1940年にアジア初のオリンピックが東京で開催されることが決定されており，これに1964年の東京オリンピック開催の決定を加えると2020年の東京オリンピック開催決定は正確には3回目の開催決定になります。しかし，1940年の東京オリンピックは日中戦争の激化によって開催権を返上してしまい，東京に代わって開催権を獲得したヘルシンキも第二次世界大戦の影響により開催できなくなりました。

● **1964年の東京オリンピック**　戦争によって開催権を返上し，幻となった東京オリンピックでしたが，1959年の5月のIOC総会において東京は再びオリンピックの開催地に選ばれました。しかし，東京オリンピックの開催に向けたコメントとして，東京オリンピック施設建設事務総長は，これまでオリンピックが開催された欧米の都市と東京の違いについて，「畑に種をまくだけでいいのか，耕すところから始めなければならないのかの違い」と述べています[1]。つまり，ある程度のインフラストラクチャーが整備されていた欧米の都市とは異なり，当時の東京はオリンピックの開催に必要な競技場施設だけでなく，都市内の上下水道の整備や道路網の拡充などの課題が山積となっていました。

そこで，東京オリンピックの開催に向けた東京改造が計画されました。東京改造はオリンピックの会場建設や東京都内の道路網の整備といったハード面の整備にとどまらず，1962年にはオリンピック開催を視野に入れ，清潔で美しい街並みの実現を目指した首都美化運動が推進され，都民の意識改革も行われました[2]。ハード面の整備では，1940年の東京オリンピックの競技場計画や第二次世界大戦前の計画が一部で活用されています。例えば，1964年の東京オリンピックで第二会場として整備された駒沢オリンピック公園は，1940年の東京オリンピックのメインスタジアム「紀元二千六百年記念綜合競技場」が建設される場所でした（写真1）。また，1964年に開通した高速鉄道である東海道新幹線も，1941年に着工していた「弾丸列車」の用地やトンネルが活用されました[3]。さらに，日本の主要都市間を結ぶ高速道路も「弾丸道路」として戦時中に計画されていました。

首都高速道路の建設は，東京都心の景観を一変させました。首都高速道路の整備によって，羽田空港とオリンピック会場や選手村を結ぶルートが整備されましたが，用地買収をなるべく減らすために河川や道路上の公共用地が利用されました。その結果，日本橋の上空を高速道路

が横切り，歴史的な江戸城の外濠が埋め立てられることになり，その都市景観への影響は現在でもたびたび議論になっています。

オリンピックの会場整備に向けた広大な用地の確保には，かつての軍用地も活用されました。日本武道館は近衛歩兵第一・第二連隊跡地，後楽園アイスパレスは陸軍造兵工廠東京工廠跡地，代々木の選手村は代々木練兵場から米軍ワシントンハイツとなっていた跡地など，旧日本軍やその後の米軍施設の跡地が利用されています[3]。軍用地が平和の祭典であるオリンピックの会場となったことで，東京だけでなく日本中の人々が新しい平和な時代を感じ取ることができました。

● **2020年の東京オリンピックにむけた東京の変化**　メインスタジアムの国立競技場は建て替えられましたが（写真2），2020年の東京オリンピックでは，1964年のオリンピックレガシー（遺産）が活用されます。国立代々木競技場，日本武道館などの競技施設は，1964年のオリンピックレガシーを引き継ぐ「ヘリテッジゾーン」に含まれており，競技施設として再び利用されます。一方，広大な埋立地が確保できる東京臨海部は，新たなオリンピック会場の「東京ベイゾーン」として競技会場のほか選手村やプレスセンターが設置されることになっており，急ピッチで建設が進められています。2020年にはオリンピックによって一変した東京臨海部の景観を見ることができます。　　　　　　　　　　　　（太田　慧）

参考文献

1）老川慶喜 編著（2009）：『東京オリンピックの社会経済史』，日本経済評論社
2）東京都公文書館 編（2018）：〈都史資料集成Ⅱ〉『オリンピックと東京』第7巻，東京都生活文化局広報広聴部都民の声課
3）片木　篤 著（2010）：『オリンピック・シティ東京1940・1964』，河出書房新社

図1　駒沢オリンピック公園陸上競技場（右）とオリンピック記念塔（左）（2019年4月，太田慧撮影）

図2　2020年の東京オリンピックに向けて建て替えられた新国立競技場（2020年2月，太田慧撮影）

東京におけるタワー観光

●**タワー観光の歴史** 1889 年のパリ万国博覧会のモニュメントとして誕生したエッフェル塔は，宗教的な建造物としてのタワーの歴史を一変させ，パリの展望が一般の市民に開放されることになりました。また，300 m という圧倒的な高さは当時各国が国の威信をかけて競い合っていたヨーロッパにおけるタワーの高さ競争に終止符を打たせました[1]。

日本において展望タワーが登場したのは，1887(明治 20)年の帝都東京の浅草に登場した富士山縦覧場です。これは木造の骨組みに漆喰で塗り固めた富士山を模したものであり，約 32 m の展望台に当時の東京市民が登ることができるようになりました。さらに，1890 年に浅草の凌雲閣十二階が誕生しました。東京の凌雲閣十二階は電動のエレベーターを備えた約 52 m の展望タワーでしたが，1923 年の関東大震災で倒壊したために現在はその姿を見ることはできません[2]。このように，日本が近代化に邁進していた明治 20 年代には，これまで見ることができなかった展望が大衆に開放されました。以下では，東京に現存する 2 つの展望タワーを紹介しながらタワー観光を考えていきます。

●**東京タワー** 1953 年にテレビ放送が開始された当時は，現在とは違いテレビ局がそれぞれ自前の電波塔を建てていました。このため，テレビ局が新規に開設されるたびに新しい電波塔が建てられることになり，都市の美観上の問題だけでなくチャンネルを変えるたびにアンテナの向きを変えなければならないといった問題が生じていました。そこで，電波塔を 1 つに集約してこれらの問題の解決をはかったものが総合電波塔である東京タワーの建設でした。また，当時エッフェル塔を超える世界で最も高い鉄塔となる 333 m になったのは，ちょうど，19 世紀におけるエッフェル塔の建設も，普仏戦争に敗れたフランスの屈辱を跳ね返す意味があったように，敗戦のショックから立ち直りつつあった日本の意地を示したのかもしれません。つまり，東京タワーの誕生の背景には，テレビの急速な普及と戦災からの復興という高度経済成長期の時代を象徴する 2 つの側面があったといえます。このことから，2005 年に公開された高度経済成長期の日常を描いた映画「ALWAYS 三丁目の夕日」では建設中の東京タワーが作中にたびたび登場します。

そのような東京タワーの累計来塔者数は 2009 年に 1 億 6 千万人を達成しました。東京タワーの年間来塔者数の最高記録は，開業翌年の 1959 年の約 520 万人です。開業から半世紀以上経過した 2013 年でも東京タワーの来塔者数は年間約 209 万人であり，東京を代表する観光スポットになっています[3]（図1）。

●**東京スカイツリー** ところが，東京タワーは 21 世紀になると周辺の超高層ビルに隠れるようになり，600 m を超える電波塔の建設が求められるようになりました。建設候補地の誘致合戦の結果，

2006年に東京都墨田区での建設が決定し，2008年に「東京スカイツリー」の名称が発表されました。建設途中の2011年には東日本大震災が発生しましたが，2012年5月に開業を迎えました。四脚の構造をもつ通天閣や東京タワーと異なり，東京スカイツリーは三脚（正三角形）から上部で円形になるデザインになっています。タワーの高さの634mは武蔵の国を想起させ，地域イメージの醸成にも貢献しています[4]。さらに，タワーを中心とした東京スカイツリータウンが整備され，タワーとともに商業施設である東京ソラマチを併設した一体的な開発がなされました。つまり，東京スカイツリーはタワーの建設だけでなく新たな都市開発を目指した複合的なプロジェクトであり，展望台に登らずに観光やショッピングを楽しむことができる新しいタワー観光のカタチを提示したものとなっています（図2）。

●**都市観光と展望タワー**　現在の展望タワーは，都市のランドマークであると同時に，都市観光のハイライトとしても位置づけられます。展望タワーが都市の展望を提供する優れた構造物であることに加え，こうした象徴性が人々を魅了し，観光客を惹きつけ，都市の観光を支えているといえます。　　　　　　（太田　慧）

参考文献

1）河村英和（2013）:『タワーの文化史』，丸善出版
2）東京都江戸東京博物館 編（2012）:『東京スカイツリー完成記念特別展　ザ・タワー―都市と塔のものがたり―』，江戸東京博物館
3）東京タワーオフィシャルホームページ［http://www.tokyotower.co.jp/index.html］（閲覧日：2015年6月16日）
4）津川康雄（2013）:「ランドマークとしてのタワーの役割」，『地理』，58, pp.14-23

図1　東京タワー（2015年1月，太田慧撮影）

図2　東京スカイツリー（右）と隣接する商業施設（左）（2012年8月，太田慧撮影）

高尾山

●**世界に誇る観光地としての高尾山**　新宿駅から電車に揺られることわずか1時間，広い関東平野の西の端に，高尾山はあります。高尾山は，都内の学校の遠足の行き先として，あるいは関東地方に住んでいる人々が週末のレジャーを楽しむ場所として，そして国内各地や海外各国から東京を訪れる観光客の人気訪問先として，国内外の人々に愛されています。高尾山を訪れる人々は，年間で300万人を超え，「世界で最も登山者の多い山」としても知られています。なぜ高尾山は世界的な観光地になったのでしょうか。ここでは，高尾山の自然や歴史・文化の観点から，その理由を探ります。

●**高尾山の豊かな自然環境**　高尾山は，関東山地の東側の縁にある峰の1つで，標高は599mあります。高尾山周辺には，小仏層群とよばれる中生代白亜紀（約1億年前）の古い地層があります。海底に堆積した砂や泥が，その後の地殻変動で隆起し，高尾山が形成されてきました。

　高尾山では，1,598種類もの植物が確認されています。高尾山の天然林は，大きく4種類に分けることができ，アカマツ（針葉樹），モミ林，カシ類（常緑広葉樹），ブナ類（落葉広葉樹）からなっています[1]。寒冷な北日本に多く見られる植生と，比較的温暖な西日本に多い植生のどちらの植生も生育できる気候であるということが，高尾山の美しい植生の多様性につながっています。植物が多様であるということは，動物の多様性にもつながってきます。高尾山は，昆虫の宝庫としても知られているほか，野鳥や哺乳動物も多く生息しています。

　高尾山の自然環境は，幕府や皇室，国の手厚い保護を受けることによって，今日に至るまで保護されてきました。その結果，高尾山を訪れる観光客は，森林浴をしたり，バードウォッチングをしたり，紅葉狩りをしたりして楽しむことができます。都心から近い一方で，自然が豊かであるからこそ，高尾山は都市に住む人々を惹きつける観光地になったといえます。

●**信仰と観光の山**　高尾山は，信仰の山です。多くの人々が訪れる薬王院は，修験道の霊場・真言宗智山派の寺院です。修験道というのは，山岳で厳しい修行を行うことによって悟りを開こうとする日本独自の宗教のことで，修験道をする人は山伏や修験者とよばれ，天狗のような独特な衣装を身にまとい，日々の修行に励みます。

　修行をする場だった山に一般の人々が訪れるようになったのは，戦国時代から江戸時代以降です。戦国時代には，戦の勝利を願う場として北条氏から庇護されました。江戸時代になると，富士山に対する信仰が流行し，江戸にいた多くの人々が富士山の登頂を目指しました。高尾山は，富士山に登ることができない人々が，代わりに富士見の参拝をするために登る山になりました。

　明治時代から昭和時代には，登山者が

さらに増えることになりました。その理由は，鉄道の開通です。京王電気軌道（現・京王電鉄）や甲武鉄道（現・JR中央線）が開業したことにより，東京都心からのアクセスが著しく向上しました。1927年（昭和2年）には高尾山ケーブルカーが営業を開始したこともあり，高尾山は東京から日帰りで手軽に登ることができる，日本でも有数の観光地になりました。

●ミシュランの3つ星と高尾山　高尾山が世界的な観光地へと進化することになった直接的な理由は，2007年にフランスの有名旅行ガイド『ミシュラングリーンガイドジャポン』[2]が高尾山に3つ星の「わざわざ旅行する価値がある」と評価したことでした。3つ星を獲得したことで，高尾山はいっそう外国人にも知られることとなり，年々訪問者数が増加しています。ちなみに，ミシュランの3つ星は，表1に示したように，世界遺産の富士山や日本を代表する歴史的観光地の京都・奈良に格づけされています。これによれば，高尾山は，東京において銀座や浅草よりも格づけが高いことになり，外国のガイドブックで高く評価されていることがわかります。

また，最近では「山ガール」という言葉ができるほどに，若い女性が気軽に登山するようにもなってきました。高尾山は，山ガールのファッションや余暇スタイルに影響を与えており，そのブームの火つけ役にもなっているといえます。

（中山　玲）

参考文献

1）滝野　孝（1981）：〈東京公園文庫24〉『高尾山探訪』，郷学舎
2）Michelin (2015): The Green Guide Japan (3rd edition), Michelin Travel Partner

図1　高尾山の登山客でにぎわうケーブルカーの駅前（2019年5月，菊地俊夫撮影）

表1　ミシュラングリーンガイドによる観光地の格付け（文献[2]より）

	★★★ わざわざ旅行する価値がある	★★ 寄り道する価値がある	★ 興味深い
東京都内	新宿御苑 東京都庁 明治神宮 高尾山 東京国立博物館	六本木ヒルズ 銀座 東京スカイツリー 浅草 新宿	東京タワー 渋谷 お台場 上野公園 原宿
東京近郊	日光 富士山 鎌倉	伊豆半島 三浦半島 下田 城ヶ島 修善寺	横浜 中禅寺湖 箱根 大山 河口湖
日本国内	高山 京都 奈良 松島 知床国立公園	大阪 金沢 伊勢・志摩 広島 松本	別府 神戸 宇治 仙台 能登半島

アメ横と外国人観光客

●**上野地域の商店街の状況** 上野地域の商店街は海外の旅行ガイドブックでも紹介されており，アメ横に代表される特徴的な商店街は観光の中心となっています。上野地域における大小様々な商店街はJR上野駅とJR御徒町駅のおよそ300m四方の範囲に立地しており，その範囲はおおよそ昭和通り，御徒町通り，中央通りに囲まれた範囲と上野公園の南側が該当しています。上野地域における商店街は，JRの線路の東側に位置する上野駅前一番街，上野駅正面通り，上野昭栄会，御徒町駅前通り，ユースロード上野，上野御徒町中央通り，上野Uロード，および上野さくら通り商店街の8つの商店街と，JRの線路の西側に位置する上野アメヤ横丁，アメ横通り中央商店街，アメ横表通り商店街，上野中央通り，上野中通商店街，御徒町通り，御徒町駅南口，上野二丁目仲町通り，および池之端仲町の9つの商店街からなります[1]。

●**上野地域の商店街の店舗構成** 上野地域全体の店舗と事業所の業種構成を検討すると，喫茶店，料理店，和食店，食料品店，酒場が該当する飲食関連の店舗が27.6%を占めています[2]。次に，化粧品店，ジュエリー店，衣料品店が該当する装身具関連の店舗数は161軒で，これらの飲食関連の店舗と装身具関連の店舗は上野地域の全店舗・事業所の店舗構成の38.6%を占めています。これらの飲食関連の店舗と装身具関連の店舗は，上野地域における商店街の1つの特長となっています。

●**上野地域における各商店街の特色** 上野地域の店舗・事業所の数について，商店街ごとの軒数を図1に示しました。上野地域の商店街の中で店舗・事業所の最多のものは，JRの線路の東側に位置し205軒の店舗がある上野御徒町中央通りです。2番目に店舗・事業所数が多いのはJRの線路の西側に位置する上野中央通りの174軒，3番目に店舗・事業所数が多い商店街はアメ横表通り商店街の143軒であり，以上の店舗・事業所数が上位の上野御徒町中央通り，上野中央通り，アメ横表通り商店街の3つの商店街はすべて南北方向に展開する商店街となっています。その一方で，上野Uロード，上野さくら通り商店街，御徒町駅南口などの東西方向に展開する商店街の店舗・事業所数は30軒に満たない数になっています。

図1には上野地域の業種構成において特徴的な業種を装身具類・小物類，飲食関連，サービス関連事務所，工場，その他の5種類に集計して示しました。これによれば，アメ横通り中央商店街，アメ横表通り商店街からなるアメヤ横丁と上野御徒町中央通りにおいて装身具類・小物類の店舗の割合が多く，JR上野駅周辺には飲食関連が多く立地する傾向がわかります。また，中央通りや昭和通りなどの大通り沿いには教育業や事務所などのサービス関連事務所が多くなる傾向が，駅から離れた上野駅正面通りや上野昭栄会などの商店街では工場などの観光

客のあまり利用しない業種が多くなる傾向が見られます。また、上野公園の南に位置する上野二丁目仲町通りや池之端仲町には飲食関連の事業所の割合が多くなっています。これはかつての花街の範囲と一致しています。

●**上野地域における外国人の増加**　近年の外国人観光客の全国的な増加に伴って、上野地域を訪れる外国人の数も増加しています。上野地域の商店街の中でも特にアメ横は、*Lonely Planet* や *Time Out* などの海外の有名な旅行ガイドブックに東京国立博物館や上野動物園といった上野地域を代表する観光スポットと同列に取り上げられており、アジア特有の雑多な商店街の様子は多くの外国人観光客を惹きつけています。特に、菓子類を安く販売する店舗にはアジア系の人々を中心に多くの外国人が日本の土産品を求めて集まってきます。また、外国人の増加とともに、アメ横には中東系のケバブ店が増加しており、イスラム系住民

の増加を反映して御徒町駅周辺にはモスクも誕生しています。　　　（太田　慧）

参考文献

1）台東区産業振興課（2014）：「台東区商店街マップ」、台東区
2）太田　慧・杉本興運・菊地俊夫・土居利光（2017）：「東京・上野地域における商業集積地の空間特性の分析」．『観光科学研究』、10、pp.1-8

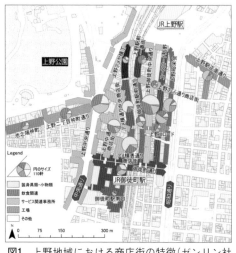

図1　上野地域における商店街の特徴（ゼンリン社位置情報付き施設データにより作成。東京大学空間情報科学研究センター（CSIS）よりデータ提供（研究番号2685））

図2　アメ横と上中商店街のにぎわい（2016年3月、太田慧撮影）

図3　既存の建物を改装したモスク（2019年3月、太田慧撮影）

東京の未来

日本の鉄道交通の起点となる東京駅
（2019 年 5 月，菊地俊夫撮影）

東京は国内における首座都市（プライメイトシティ）としてさらに発展し，人・モノ・資本（金）・情報が集中する世界都市の 1 つとなっています。その一方で，東京は都市空間と自然や農空間との共生をはかるとともに，度重なる災害を克服しながら都市環境や居住環境のアメニティも高めています。

1　首座都市としての東京

日本の国土をいくつかの地域に区分し，それぞれの地域を仙台や名古屋や広島のような広域的中心都市が管理・統括し，合理的に業務を実行する方法は，行政の地方事務所や企業の支店の設置と関連して一般的になっています。例えば行政組織の管轄範囲では，国土交通省の地方運輸局は北海道運輸局，東北運輸局，関東運輸局，北陸信越運輸局，中部運輸局，近畿運輸局（神戸運輸管理部を含む），中国運輸局，四国運輸局，九州運輸局（沖縄県は総合事務局）の 9 つに区分されています。このような地方運輸局の管轄範囲は，都道府県を基礎的な単位とし，地形や道路にもとづいて広域的中心都市への近接性と道路交通の維持管理のしやすさやまとまりなどを考慮して区分されています。そして，地方運輸局の広域的中心都市を統括しまとめる機関が東京に立地する国土交通省になり，東京が広域的中心都市を統括する，あるいは中心が地方を支配する階層構造が成り立っています。つまり，中枢都市の東京を中心とする支配-被支配の都市システムが構築されていることになります[1]。

同様の階層構造は，多くの企業や銀行などの本店-支店関係や情報・通信の

管轄範囲でも見られます。情報発信に関連した事業の事例として、日本放送協会（以下，NHK）の各地の放送局を管轄する範囲は（図1），北海道地区，東北地区，関東・甲信越地区，東海・北陸地区，関西地区，中国地区，四国地区，九州・沖縄地区の8つに地域区分されています。それぞれの放送局の管轄で地域の事情に合ったニュースや企画，および天気予報などが番組に取り上げられるため，NHKの地域区分は地域に根ざした情報発信を実現するための重要な基礎区分になっています。この地域区分の大きな特徴は，地域における天気予報の情報を提供するため，気候・気象を中心とする自然条件の地域区分を考慮していることです。また，地域の社会・経済や生活文化の情報をいち早く伝えることも公共放送として重要な役割であるため，社会や経済のみならず，文化の地域的なまとまりも意識して地域区分が行われています。例えば，関東地区と甲信越地区を1つのまとまりとする地域区分は，東京を中心とした通勤や物流，および余暇・観光による人々の移動などを考慮しています。そのうえで，全国共通のニュースや天気，あるいはそのほかの情報に関する放送は，東京のスタジオから放送されます。つまり，それぞれの地域の情報が重視されている一方で，国全体の情報は東京から一元化された状態で発信されており，東京を中心とする階層的な情報ネットワークが構築されています。そのため，東京からの情報は日本の情報として標準化され，東京イコール日本として世界に発信されていくことになります。

　以上のように，現代における東京の都市としての中心性の高さは自明であり，それは人・モノ・資本（金）・情報の集中によってもたらされています。このように東京の一極集中や高い中心性は首座都市（プライメイトシティ）として特徴づけられています（図2）。しかし，それは中心-周辺の地域格差や都

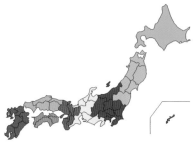

図1　NHKの放送局による地域区分
　　　（NHKの[2]により作成）

図2　日本における本社機能が集中する東京の
　　　丸の内地区（2013年11月，菊地俊夫撮影）

市環境の悪化などの問題も助長してきました。一極集中と巨大化した都市構造をもつ現代の東京には，世界の大都市の抱える環境問題や社会問題や経済問題がすべて含まれており，それらを解決していくことが世界都市としての重要な役割になっています[3]。

2　東京の中心性の高度化と拡大

　東京は第二次世界大戦後，人やモノ，資本（金）や情報などが一極集中する場所となり，世界都市としての地位を確かなものにしています。国連の世界都市化予測（World Urbanization Prospects）によれば，東京の都市域の人口は 2010 年で約 3,700 万人と世界最大であり，年平均人口増加率(2010〜2025年で 0.31％)を加味した 2025 年においても約 3,800 万人と世界最大のままで，人口の一極集中も継続しています。また，図3 の航空路線図が示すように，東京は香港やドバイ，ロサンゼルス，ロンドン，パリとともに様々な航空路線が集中する巨大な結節都市となっており，世界中から多くの人々が集まる世界都市にもなっています。しかし，単に人々が多く集まるだけでは世界都市になることはできません。人とともにモノや情報や資本（金）が集まることが世界都市になるためには重要です[5]。

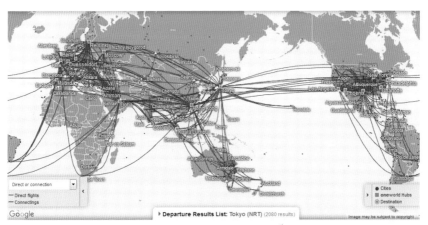

図3　世界における航空路線図（文献[4]より）
成田空港から航空連合「one world」で世界各地に就航している航空便。赤線は直行便，青線は経由便。

世界における都市別の特許出願件数（2003〜2005年）を示した図4によれば，東京は情報通信に関連した特許出願件数はシリコンバレーよりも多く，世界の都市の中で卓越しています。その他の分野の特許出願件数も比較的多く，東京は様々な技術革新の情報の集積地になっています。そのため，東京は人やモノ，および資本（金）や情報が集まり，中心性が卓越した世界都市といえます。そのような状況の中で，東京は21世紀の新しい文明を享受することが可能ですが，将来に向けて選択しなければならない大きな岐路に立っています。それは，人・モノ・資本（金）・情報がかつてない規模で，しかも低コストで瞬時に特定の拠点や結節点を目指して移動するボーダレスの時代に適応する大都市の形や性格が求められているからです。

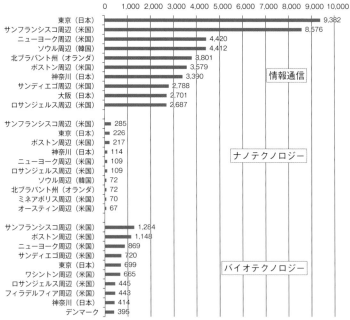

図4 世界における都市別の特許出願件数（2003〜2005年）（文献[6]より作成）
情報通信・ナノテクノロジー・バイオテクノロジー分野におけるPCT国際特許出願件数のトップ10都市・地域

3 共生都市を目指す東京

世界都市東京の大きな特徴の1つは，巨大都市が共通に抱える都市環境や居住環境の問題を自然や農空間との共生によって解決しようとしていることです。東京における自然空間としての森林や緑地は高度経済成長期の都市的土地利用の拡大によって縮小しました。しかし，1990年代以降，東京に残された森林を適正利用するとともに，新たな緑地空間もつくられ，東京は自然との共生を目指す世界都市としての歩みを確かなものにしています。元々，東京西郊には武蔵野の平地林が広がり，奥多摩地域には水源涵養林の自然が多く残されています。加えて，東京の中心地から約1,000 km離れた太平洋上には小笠原諸島があり，そこでは東京都が誇る世界自然遺産が展開しています。このような自然は開発の対象から保全保護の対象に変化し，さらに適正利用の対象やアメニティ向上をもたらす対象に変化しています。

例えば，武蔵野は江戸期に新田開発され，森林や農地の広がる自然と農の空間としてイメージづけられてきました。第二次世界大戦後，住宅地の郊外への拡大にともなって，武蔵野の森林や農地は都市的土地利用の対象に変化し，自然が著しく失われ，都市の居住環境は悪化してしまいました。しかし，居住環境の質やアメニティの向上と地球環境への配慮が求められるようになり，森林や里山などの身近な自然と共生する都市づくりが行われるようになりました。例えば，江戸時代に開削された玉川上水に沿って緑道が整備され，武蔵野の森の一部が保全され適正利用されています（図5）。玉川上水の緑道は都市の居住環境にアメニティを与えるだけでなく，都市住民に散歩やジョギングなどを行う余暇空間を提供しています。加えて，このような緑地空間は森林の冷気のにじみだしによって都市のヒートアイランド現象を緩和させています。このように，東京が自然と共生する世界都市を目指すのは，良好な居住環境と都市住民の健全な生活の場を持続的に確保するためといえます[7]。

巨大な人口を抱える東京を支えるには，農空間との共生も重要な課題になります。歴史的に見れば，東京は巨大な人口を養うための様々な工夫を行ってきました。近郊農業の発達と食料供給のための輸送インフラストラクチャーの整備は，東京における食料の需要と供給のバランスを保つために重要な役割を果たしてきました。東京市場では，食料が国内の多くの生産地から供給され，食料供給の広域化が進むとともに，外国産地からの食料供給も行われ，食料供給

図5　武蔵野台地を流れる玉川上水とその緑　図6　東京西郊の小平市における都市農業と農
　　　道(2007年6月，菊地俊夫撮影)　　　　　　　産物直売所(2011年6月，菊地俊夫撮影)

のグローバル化が進みました。このようなフードシステムの変化は経済的な利潤を重視する考え方や「規模の経済」に基づくものであり，消費者ニーズは低廉で画一的・標準化された大量の食料を求めてきました。そのため，東京市場の食料は大規模産地で大量生産された安くて，色，形，大きさが整ったものが優先され，小規模産地のものは淘汰されてしまいました。

　21世紀になると，食料の生産や供給，および消費に経済的な利益や効率性が求められるのでなく，それらとは別の付加価値が見出されるようになりました。そのような付加価値は食料生産の高級化やブランド化に通じるだけでなく，新鮮で安全安心な食料供給，あるいは生産者の顔が見える食料供給などの変化をもたらしました。そして，東京では都市農業としての農空間が維持され，そのような農空間で栽培された新鮮で安全安心な食料は農産物直売所を介して直接，都市住民に供給されています（図6）。農産物直売所は都市住民に食料を提供する場だけでなく，都市住民のコミュニティと元々の農村コミュニティを結びつける結節点としても機能し，農空間の持続的な保全に役立っています。このように，東京は農空間と共生することにより，より良い食や生活，あるいはコミュニティ維持などの社会的持続性を得ようとしています。

4　防災都市から減災都市へ，そして克災都市を目指す東京

　江戸や東京の歴史は災害との戦いとその復興の歴史でした。災害に強い都市づくりは世界都市東京の宿命的な課題にもなっています。図7は外国の保険会社が調査した世界の様々な都市が抱える自然災害リスクの分布です。これによれば，東京は自然災害のリスクが世界の各都市に比べて極めて高いことがわか

リスク指数
（円の大きさはリスク指数価値に対応しており，リスク自体の規模を表すものではない）
リスク指数構成要素の相対的割合
　危険発生の可能性
　脆弱性
　危険にさらされる経済価値

図7　世界の主要都市における自然災害リスク（文献[9]より）

　ります。特に，災害の潜在的な要因が高く，それは日本の国土がプレートの境界に位置することや太平洋上で発生する台風の通り道であることと無関係ではありません。また，実際に生じる災害の件数も比較的多く，それは東京が巨大都市や世界都市に発展する大きな障害にもなっていました。他方，物理的・社会的な脆弱性を見ると，それらのリスクの総体的な比率は世界の各都市のものよりも低くなっています。このことは，東京は自然災害のリスクを念頭において，建物やインフラストラクチャーのハード面の防災を進めるとともに，災害時における住民の避難や心構えなどソフト面の防災が進められていることを示唆しています[8]。

　度重なる災害の教訓から，江戸や東京は様々な防災の試みを都市づくりに取り入れてきました。そして，世界都市東京は防災都市としてではなく減災都市や克災都市として多くのメッセージを世界に発信しています。減災都市や克災都市を象徴する景観として野川とその遊水地が挙げられます（図8）。野川は国分寺市恋ヶ窪を水源にし，三鷹市や調布市，世田谷区を流れて，多摩川に注ぐ都市河川の１つです。都市河川は流域のコンクリートやアスファルトの土地被覆によって降水が直接，表流水として流入します。そのため，都市河川の多くは台風やゲリラ豪雨などにより都市洪水を引き起こす可能性が高くなります。

都市洪水の災害を防ぐための
ハード対策として，都市河川の
流路を直線化し，土手と河床の
三面をコンクリート張りにする
工事が防災事業として行われて
きました。しかし，そのような
防災工事は生態系を破壊するこ
とになり，河川のもつ生物多様
性を著しく損なうことになりま
す。東京西郊の都市域を流れる

図8　東京西郊における野川の散策路と遊水池の
越流堤（2019年4月，菊地俊夫撮影）

野川は自然の河川流路をなるべく残しながら，土手や河床をコンクリート張り
にせず，土の法面（のりめん）を残して生態系や生物多様性を維持しており，それらの残さ
れた自然は都市住民の余暇空間にもなっています。このような自然を保全する
代償としての都市洪水の脅威にさらされることになりますが，野川では遊水地
が配置され，減災がはかられています。防災は重要ですが，防災により良好な
自然や景観が失われ，都市環境のアメニティが損なわれることも現実の問題と
してありえることです。そのため，防災に代わって，減災や克災という考え方
が世界都市東京に広まっています。　　　　　　　　　　　　　　　　（菊地俊夫）

参考文献

1）菊地俊夫 編（2011）：〈世界地誌シリーズ1〉『日本』，朝倉書店
2）NHK：全国の放送局［https://www3.nhk.or.jp/toppage/zenkoku/index.html］（閲覧
日：2020年2月4日）
3）菅野峰明・佐野　充・谷内　達 編（2009）：〈日本地誌5〉『首都圏Ⅰ』，朝倉書店
4）oneworld Interactive Network Map［http://onw.innosked.com］（閲覧日：2020年2
月4日）
5）鈴木伸子（2012）：『東京はなぜ世界一の都市なのか』，PHP研究所
6）OECD（2008）：Compendium of patent statistics［http://www.oecd.org/science/inno/
37569377.pdf］（閲覧日：2020年2月4日）
7）Kikuchi, T. and Sugai,T. ed. (2018): Tokyo as a Global City, Springer
8）越澤　明（2014）：『東京都市計画の遺産－防災・復興・オリンピック－』，筑摩書房
9）内閣府（2004）：『防災白書』（平成16年版），国立印刷局

あ と が き

　東京はまぎれもなく世界都市です。その世界都市としての歩みはすでに江戸時代中頃から始まっており，その歩みは300年後の現在まで脈々と続いています。このように，世界都市としての歩みが現在まで持続してきたのはどうしてでしょうか。江戸にしても東京にしても，火災や震災，あるいは戦争などにより壊滅的な被害を受けてきたはずですが，そのような災害のたびに江戸や東京は復興し，それまで以上にパワーアップした姿で発展を遂げてきました。江戸や東京の発展が持続したのはなぜか，そして度重なる災害のたびごとにパワーアップして発展したのはなぜか，そのような秘密をさぐることが本書の企画の契機となりました。幸い，東京都立大学そして首都大学東京の地理学教室は東京に関する地域研究を自然地理学や人文地理学など様々な側面から行ってきました。それらの研究の蓄積を本書に生かすことができれば，本書の企画の契機となった疑問が解き明かされるのではと考え，東京都立大学そして首都大学東京の地理学教室の卒業生や現スタッフで本書の執筆を進めました。

　本書は東京の秘密を解き明かすために様々な側面からアプローチし，東京の発展の原動力（ドライビングフォース）を明らかにしました。それは，東京の相反する性格のコントラストと調和からもたらされたかもしれません。具体的には，東京は人間がつくった大都市であるにも関わらず，豊かな自然が残されています。つまり，東京は人工物と自然のコントラストとそれらの調和に基づいて発展してきたといえます。同様のコントラストと調和は，「新しさと古さ」や「革新と伝統」にもいえますし，「聖と俗」や「大衆とセレブ」，そして「静寂と雑踏」や「個と群」や「日常と非日常」にもいえます。このようなコントラストが東京の現在の姿に反映されており，それらのコントラストの調和が東京の魅力であり，不思議な世界都市につながっています。そのような東京の魅力や不思議を本書では追求していこうと考えました。本書を読んで東京の魅力

や不思議を再発見できれば，それは執筆者それぞれの望外の喜びとなります。

　ところで，皆さんにとって東京はどのような場所でしょうか。魅力のあるなしや不思議を理解する以前に，住みやすいか住みにくいかという問題もあります。東京は住みやすい場所なのか，住みにくい場所なのかは一概にいうことはできないのですが，私の知り合いの外国人の言葉を借りれば，東京は世界でも住みやすい都市の1つだそうです。その理由は政治経済が安定し，社会治安も保たれているからです。そういえば，カナダの都市地理学者のソレンセン教授も著書 *The Making of Urban Japan* において「19世紀の世界で私が最も魅力を感じる都市は江戸である。なぜなら，江戸は100万都市でありながらコンパクトシティであり，なによりもエコシティだからである」と述べています。東京の住みやすさも便利さがコンパクトにまとめられた街づくりと，自然や農空間との調和にもとづく街づくりの伝統に支えられているかもしれません。そのような東京の住みやすさの諸相も，本書を通じて皆様にお届けしたいと考えています。また，本書は同じ内容で英語版も発刊する予定です。本書の英語版を外国人が読むことにより，多くの外国人が東京の魅力や不思議を理解するだけでなく，東京の住みやすさも私たち日本人以上に理解するかもしれません。

　東京都立大学の地理学教室は目黒区から八王子市南大沢に移転し，大学の名前も首都大学東京に，そして再び東京都立大学に変わります。また，学部も理学部から都市環境学部に変わり，地理学科と関連して観光科学科も都市環境学部に設置されました。このように，地理学教室の変遷は劇的ですが，東京という地域や場所，そして空間をさまざまな視点で明らかにし，研究のフロンティアを求めようとする姿勢は今後も変わりません。

　最後になりましたが，本書を発刊するにあたり企画から編集にまでお世話になった朝倉書店編集部の皆様に感謝いたします。

2020年3月
　　　　　　　　　桜のつぼみ膨らむ南大沢キャンパスにて　　　菊地俊夫

索　引

欧　文

AT テフラ　13
DID　91
IT 産業　109
MICE　126
UR 都市機構　99

ア　行

赤羽台　15
秋雨・台風季　26
空き店舗　100
空き家　93
アジアモンスーン　33
アパレル　117
アメ横　135
綾瀬川断層　21
アライグマ　45
新井白石　24
荒川　57
荒川低地　13
アルベド　35
安政江戸地震　21

石川島　85
伊豆大島　37, 101
伊豆諸島　23, 101
一極集中　138
井戸　68
井の頭池　17, 59
居場所づくり　100

芋窪礫層　12
インバウンド政策　122

裏原宿　117
雲霧林　44

エアロゾル　38
液状化　19, 22
エスニック・タウン　95
江戸川　57
江戸切絵図　75, 82
江戸四座　84
江戸城　74
江戸所払い　81
江戸前ずし　87
江戸六上水　70
エネルギーの配分　38
荏原台　13
延焼遮断帯　22

太田道灌　73
大宮台地　10
小笠原高気圧　44
小笠原諸島　23, 43
奥多摩湖　61
奥東京湾　15
オホーツク海高気圧　27
『折たく柴の記』　24
オリンピックレガシー　130
温泉　71
御岳第 1 テフラ　13
温暖化　49
温暖期　9

カ　行

海外旅行者数　123
外環道　108
海溝型地震　21
外国人　95, 122
外国人観光客　136
海成段丘　13
海跡湖　7
海底熱水鉱床　62
海風　30
海風前線　30
海面水温　34
海洋保護区　63
外来植物　48
外来生物　48
火災危険度　22
火砕流　23
火山災害　23
火山地形　23
火山泥流　23
火山フロント　23
上総層群　12, 20
河成段丘化　13
活火山　23
活断層　11
ガビチョウ　49
歌舞伎　83
軽石　24
カワラノギク　47
管轄海域　62
観光入込客数　121

観光産業　125
観光資源　123
観光地　114, 133
観光庁　121
観光農園　115
環状七号線　22
環状七号線地下調節池　18
神田川　17
神田上水　18
関東山地　10, 11, 20
関東造盆地運動　4
関東大震災　79, 91, 98
関東平野　4, 9
関東ローム　69
関東ローム層　12, 24

気温　26
気候環境　9
気候変動　7, 13, 36
キャットストリート　117
丘陵　11, 24
狭軌　104
御苑　52
銀座　113
銀座商店街　113
銀座煉瓦街　113
近隣センター　99

空間スケール　2
空襲　79
空中写真　13
草花丘陵　45
雲取山　41
黒潮　35, 63
　――の大蛇行　35, 63
グローバル化　105, 142
黒湯　72

渓畔林　42
結節点　140
圏央道　108
減災都市　142
建造物の老朽化　99

玄武岩　24
元禄関東地震　21

広域海風　32
郊外　107
郊外化　90
郊外住宅地　80
航空路線　139
工場　105
降水量　26
豪雪　36
鉱泉　71
降灰　23
高齢化　94, 99
国際会議　127
克災都市　143
国分寺崖線　15, 59
御殿峠礫層　12
古東京川　15
古東京谷　15
古東京湾　14
後藤新平　79
固有種　44

サ　行

災害　142
災害時活動困難度　22
最終間氷期最盛期　9, 13
最終氷期　7
山茶花梅雨　26
里山　12, 53
狭山丘陵　11
三角州　15
三大銀座商店街　114
山体崩壊　23
山地　11

時間スケール　2
寺社地　75
地震災害　20
四神相応　83
自然　133, 141

自然災害　21
自然地名　85
下請け生産　119
下町　97
七福神めぐり　75
地盤条件　22
地盤沈下　19, 61
渋谷　1, 109
下総層群　20
下総台地　10
下末吉期　13
下末吉面　13
十条銀座　114
住宅双六　92
宿泊業　126
修験道　133
首座都市（プライメイトシ
　ティ）　138
首都直下地震　21
朱引　81
貞観噴火　24
商業施設　108
少子化　94
商社　118
上水道　6
情報通信　140
情報通信業　109
照葉樹林　51
常緑針葉樹　51
食品製造業　68
食文化　87
人口減少　99
人口集中地区　91
人口ピラミッド　90
震災復興橋梁　80
薪炭林　12, 53

水産業　63
水蒸気　34
水上バス　65
砂町銀座　114
隅田川　65
墨引　81

棲み分け　74

静穏期　21
盛夏季　26
生産ネットワーク　119
晴天積雲　37
生物多様性　144
世界自然遺産　125, 141
世界都市　1, 77, 139
世界都市論　111
積乱雲　39
セグリゲーション　74
接続水域　62
扇状地　12
銭湯　72

雑木林　43
総合危険度　22
相互直通運転　103
造成　12
そば　87

タ　行

大気境界層　37
大規模造成盛土　22
第三軌条方式　103
対事業所サービス業　109
台地　10, 11, 24, 52
大東京市　97
太平洋高気圧　27, 33
太平洋プレート　20
対面接触　110
第四紀　9, 20
大陸氷河　15
高尾山　133
多国籍企業　111
立川断層　11, 21
立川面群　13
脱工業化　111
建て替え　100
建物倒壊危険度　22
タヌキ　45, 55

多摩川　45, 57
玉川上水　17, 69
多摩川低地　13
多摩丘陵　12, 99
多摩ニュータウン　12, 99
段丘崖　60
段丘礫層　69
短時間強雨　39

地域格差　138
地域危険度　22
地域区分　138
地域包括支援センター　100
地下　19
地殻変動　9, 13, 20
地下水　61, 67
地形学図　13
チベット高気圧　33
地名　85
中枢管理部門　111
沖積層　15, 19
町人地　74
直前予知　22

通勤者　78
月島　85
佃島　85
佃島砲台　85
つくばエクスプレス　108
鶴見川　57

デイサイト　24
低地　10, 11
帝都高速度交通営団　103
帝都復興計画　79
デザイナー　117
鉄道　77, 90, 103
テフラ　13
田園都市　97
天海僧正　74
天ぷら　87
展望タワー　131

東叡山寛永寺　83
東京オリンピック　129
　1940 年の――　129
　1964 年の――　129
　2020 年の――　129
東京スカイツリー　131
東京層　14
東京大都市圏　3
東京タワー　131
東京都　3
東京 23 区　3
東京の名湧水 57 選　60
東京メトロ　104
豆腐　67
都営住宅　100
都営地下鉄　104
徳川家康　6, 73
戸越銀座　113
都市型水害　39
都市空間　73
都市システム　137
都市住民のコミュニティ　142
都市農業　115, 142
都市ヒートアイランド　29
豊島台　15
都心　106
都心回帰　93
土地利用　105
ドーナツ化現象　89
利根川東遷事業　4

ナ　行

内陸直下型地震　21
中川低地　13
菜種梅雨　26
成増台　15
南岸低気圧　28, 35
軟弱地盤　19

日較差　28
ニュータウン　91, 99

年較差　28
年中行事　83

農業体験農園　115
農空間　141
農産物直売所　115
農村コミュニティ　142
農地　107
野火止用水　70

ハ　行

梅雨季　26
梅雨前線　27
排他的経済水域　62
箱根東京テフラ　13
箱根吉沢下部テフラ群　13
走り梅雨　26
バブル経済期　91, 93
バリアフリー　100
反射率　35

日帰り行楽地　77
被災　21
一人親方工場　119
日比谷入江　73
標準軌　103
火除地　79
広小路　79

フィリピン海プレート　20,
　21
武家地　75
富士山　23
富士山噴火　23
復興　21
物流施設　107
ブナ　41

プライメイトシティ　138
プレート　11, 20, 21
プレート境界　21
プレートテクトニクス　5
噴煙柱　24
文化地名　85
噴石　23

偏西風　24

宝永火口　24
宝永噴火　24, 79
萌芽更新　53
防災　142
榜示杭　81
訪都旅行者　121
ボーリング　13, 20
北米プレート　20, 21

マ　行

町工場　119

『ミシュラングリーンガイド
　ジャパン』　134
三頭山　42

武蔵野　141
武蔵野台地　10, 58, 69
武蔵野面群　13
蒸し暑さ　33

明治神宮　43, 51
明暦の大火　74
メッシュ　106

木樋　69
モビリティ　99

ヤ　行

屋台　88
山ガール　134
山の手　91, 97

湧水　15, 59, 67
　崖線タイプの──　59
　谷頭タイプの──　59
雪　35

溶岩　24
洋食　88
余暇空間　77, 115, 141, 144
淀橋浄水場　70
淀橋台　13, 52
四里四方　81

ラ　行

雷雨　28
落葉広葉樹　51

リアス海岸　15
陸風　31
離島振興法　102
離島ブーム　101
凌雲閣十二階　79, 131
領海　62
緑地空間　115
旅行業　125

レアアース　63
レクリエーション農業　115
レッドリスト　48

ロードキル　56

編集者略歴

菊地俊夫
1955 年　栃木県に生まれる
1983 年　筑波大学大学院地球科学研究科博士課程修了
現　在　東京都立大学大学院都市環境科学研究科教授
　　　　理学博士

松山　洋
1965 年　東京都に生まれる
1994 年　東京大学大学院理学系研究科博士課程中途退学
現　在　東京都立大学大学院都市環境科学研究科教授
　　　　博士（理学）

東京地理入門
　―東京をあるく，みる，楽しむ―　　　　　　　定価はカバーに表示

2020 年 4 月 5 日　初版第 1 刷
2020 年12月10日　　　第 2 刷

編集者　菊　地　俊　夫
　　　　松　山　　　洋
発行者　朝　倉　誠　造
発行所　株式会社　朝　倉　書　店
　　　　東京都新宿区新小川町 6-29
　　　　郵 便 番 号　162-8707
　　　　電　話　03（3260）0141
　　　　FAX　03（3260）0180
　　　　http://www.asakura.co.jp

〈検印省略〉

Ⓒ 2020〈無断複写・転載を禁ず〉　　　シナノ印刷・渡辺製本

ISBN 978-4-254-16361-2　C 3025　　　Printed in Japan

『東京地理入門 ―東京をあるく，みる，楽しむ―』英語版

Geography of Tokyo

全編英語で東京の地理を解説。東京の地理を深く学びたい人，英語で東京を紹介・案内したい人に最適。

edited by

Toshio Kikuchi
Hiroshi Matsuyama
Lidia Sasaki
Eranga Ranaweerage

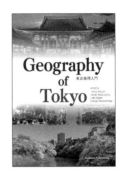

Contents:

Discover Tokyo / Landforms / Climate / Vegetation and Wildlife / Waters and Seas / History and Culture / Living in Tokyo / Economy / Tourism / Tokyo's Future

A5 (148 mm × 210 mm)　168 pages　paperback　本体 2800 円　ISBN 978-4-254-16362-9

[**好評既刊**]

世界地誌シリーズ 1
日　本　　菊地俊夫 編　　B5 判 184 頁 本体 3400 円　16855-6

よくわかる観光学 2
自然ツーリズム学　　菊地俊夫・有馬貴之 編著　　A5 判 184 頁 本体 2800 円　16648-4

よくわかる観光学 3
文化ツーリズム学　　菊地俊夫・松村公明 編著　　A5 判 196 頁 本体 2800 円　16849-1

地理学基礎シリーズ 3
地誌学概論（第 2 版）　　矢ケ﨑典隆・加賀美雅弘・牛垣雄矢 編著
　　　　　　　　　　　　　　　　　　　　　　　B5 判 184 頁 本体 3400 円　16820-4

食で読み解くヨーロッパ　―地理研究の現場から―　　加賀美雅弘 著
　　　　　　　　　　　　　　　　　　　　　　　A5 判 176 頁 本体 3000 円　16360-5

図説 日本の活断層　―空撮写真で見る主要活断層帯 36―　　岡田篤正・八木浩司 著
　　　　　　　　　　　　　　　　　　　　　　　B5 判 216 頁 本体 4800 円　16073-4

上記価格（税別）は 2020 年 11 月現在

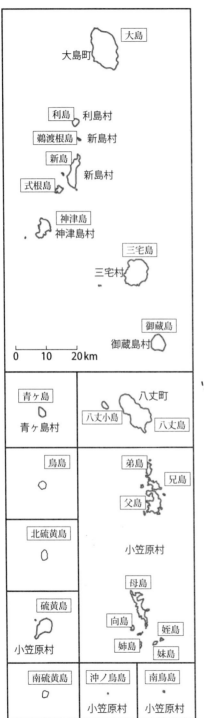

東京都の自治体

	人口 (人)	面積 (km²)
千 代 田 区	61,420	11.66
中 央 区	157,484	10.21
港 区	253,940	20.37
新 宿 区	343,494	18.22
文 京 区	227,224	11.29
台 東 区	203,219	10.11
墨 田 区	264,515	13.77
江 東 区	510,692	40.16
品 川 区	398,732	22.84
目 黒 区	283,153	14.67
大 田 区	728,437	60.83
世 田 谷 区	921,708	58.05
渋 谷 区	229,994	15.11
中 野 区	335,813	15.59
杉 並 区	575,691	34.06
豊 島 区	297,946	13.01
北 区	348,274	20.61
荒 川 区	216,098	10.16
板 橋 区	573,966	32.22
練 馬 区	731,360	48.08
足 立 区	677,536	53.25

この地図の作成に当たっては，国土
地理院長の承認を得て，同院発行の
数値地図 200000（地図画像）を使用
したものである。（承認番号 平 19
総使，第 82 号）